Selbstliebe

Lerne Dich selbst zu lieben und befreie Dich von den Erwartungen anderer – 8 Schritte zum Selbstwertgefühl

von

Jens Orlen

1. Auflage 2018

Haftungsausschluss

Die Informationen, die Sie in diesem Buch finden, wurden mit größter Sorgfalt aufbereitet. Der Autor übernimmt keinerlei Gewähr für die Aktualität, Korrektheit, Vollständigkeit oder Qualität der bereitgestellten Informationen und weiteren Informationen. Haftungsansprüche gegen den Autor, welche sich auf Schäden materieller oder ideeller Art beziehen, die durch die Nutzung oder Nichtnutzung der dargebotenen Informationen bzw. durch die Nutzung fehlerhafter und unvollständiger Informationen verursacht wurden, sind grundsätzlich ausgeschlossen, sofern seitens des Autors kein nachweislich vorsätzliches oder grob fahrlässiges Verschulden vorliegt.

Das Buch enthält Links zu Informationen Dritter, auf deren Inhalte der Autor keinen Einfluss hat. Deshalb kann er für die fremden Inhalte auch keine Gewähr übernehmen. Für die Inhalte der verlinkten Seiten ist stets der jeweilige Anbieter oder Betreiber der Seiten verantwortlich. Die verlinkten Seiten wurden zum Zeitpunkt der Verlinkung auf mögliche Rechtsverstöße überprüft. Rechtswidrige Inhalte waren zum Zeitpunkt der Verlinkung nicht erkennbar.

Jens Orlen, 2018

Inhaltsverzeichnis

Vorwort

Sicher kennen Sie Menschen die selbstbewusst sind und dieses Selbstbewusstsein auch ausstrahlen. Diese Menschen treten selbstsicher auf und Sie sind von ihrem Selbstbewusstsein fasziniert.

Doch was, wenn ich Ihnen sage, dass auch Sie dieses gesunde Selbstvertrauen aufbauen können?

Die meisten, selbstbewussten Menschen haben sich diese Fähigkeit antrainiert. Es wurde ihnen nicht einfach in die Wiege gelegt.

Der Schlüssel zu dieser Fähigkeit ist die Selbstliebe.

Die Selbstliebe und die Eigenschaft sich selbst zu akzeptieren basieren auf innerer, psychologischer Stärke. Diese Stärke können wir aufbauen und auch Sie sind dazu in der Lage. Vielleicht denken Sie sich, dass Sie eine Ausnahme sind – Ihre Erfahrungen haben gezeigt, dass Sie schlichtweg keine Selbstliebe aufbauen können. Doch ich habe eine sehr gute Nachricht für Sie: Sie irren sich!

Wie bereits gesagt ist die Selbstliebe kein angeborenes

Merkmal und daher benötigt es einfach ein wenig Übung, um diese Fähigkeit zu entwickeln. Das Problem ist nur, dass die meisten Menschen nicht wissen, wie sie diese Fähigkeit ausbauen können. Dieses Buch wird Ihnen diesen Prozess jedoch nahelegen.

Innerhalb des Ratgebers erfahren Sie alles was Sie wissen müssen, wenn Sie Ihr Selbstbewusstsein stärken möchten. Mit Praxistipps werde ich Ihnen die Möglichkeit geben auch in Alltagssituationen Ihrem Ziel näher zu kommen. Schon bald werden Sie merken, dass Sie sich falsch eingeschätzt haben – sie sind in der Lage sich selbst zu lieben. Wenn Sie diese Selbstliebe erst einmal aufgebaut haben, wird es Ihnen leicht fallen auch selbstbewusst aufzutreten und Selbstbewusstsein auszustrahlen. Um von der Selbstliebe zur selbstbewussten Ausstrahlung zu gelangen, biete ich Ihnen ebenfalls Praxistipps.

Auf der gewonnenen Selstliebe aufbauend, lernen Sie dann, wie Sie diese auch nach außen tragen. Sie erfahren, wie Sie selbstbewusster werden und dieses Selbstbewusstsein auch ausstrahlen. Sie steigern ganz einfach Ihre sozialen Fähigkeiten und leben glücklicher, durch positives Denken.

Das Buch ist so gegliedert, dass Sie Schritt für Schritt Ihrem

Ziel näherkommen. Verinnerlichen Sie daher alles gut und schaffen Sie sich neue Gewohnheiten. Das Buch wird Ihnen dabei helfen und zur Seite stehen.

Der Fakt, dass Sie dieses Buch lesen ist ein gutes Zeichen. Sie sind bereit etwas zu ändern. Die meisten scheitern bereits bei diesem Schritt und bleiben ein Leben lang introvertiert – sie können sich nicht selbst akzeptieren und in manchen Fällen führt dies sogar zu Selbsthass.

Geben Sie nicht auf!

Ich werde mein Bestes tun, um Sie auf Ihrem Weg zur Selbstliebe zu unterstützen.

Was ist Selbstliebe

Einen Fehler, den viele Menschen machen, ist es, Selbstliebe mit Selbstverliebtheit zu vergleichen. Wenn Sie Selbstliebe aufbauen, bedeutet dies nicht, dass Sie arrogant oder eingebildet sind.

Selbstliebe ist die Fähigkeit sich selbst als Menschen zu akzeptieren und innerlich selbstbewusst zu sein.

Wenn Sie jetzt denken, dass Sie Ihr Inneres niemals akzeptieren könnten und dass es an Ihnen nichts zu lieben gibt, liegen Sie falsch. Wir alle haben positive Eigenschaften und Qualitäten – wir müssen diese nur finden und als solche erkennen.

Oftmals hängt die mangelnde Selbstliebe mit Erfahrungen in der Vergangenheit zusammen. Schlechte Erfahrungen haben Sie an sich selbst zweifeln lassen. Diese Zweifel wurden durch ständige negative Gedanken verstärkt und ohne Sie sich versehen, sind die Zweifel zu einem Teil von Ihnen geworden. Um Selbstliebe zu entwickeln müssen Sie diese Zweifel finden und aus der Welt schaffen. Wie Ihnen das gelingt werden wir später kennenlernen.

Im nächsten Teil werden wir zunächst lernen, wie Sie ein positives Selbstbild von sich schaffen können. Dazu werde ich Ihnen eine Übung vorstellen, die Ihnen dabei hilft.

Übung 1: Das Positive Selbstbild

Für die erste Übung benötigen Sie ein Blatt Papier und einen Stift. Sie werden jetzt Ihr persönliches Selbstbild erschaffen. Doch keine Angst, Sie müssen dafür nicht zeichnen können.

Unser Selbstbild umfasst alle Eigenschaften, Fähigkeiten und Glaubenssätze die wir haben. Um ein positives Selbstbild zu erstellen, müssen wir alle positiven Bestandteile unseres Selbst finden.

Betrachten Sie sich selbst vollkommen objektiv. Lassen Sie keine negativen Emotionen zu und denken Sie genau nach.

Welche positiven Eigenschaften haben Sie?

Sie sollten sich wirklich Zeit nehmen und sich dafür an einen ruhigen Ort, an dem Sie sich wohlfühlen, zurückziehen.

Jeder Mensch hat positive Eigenschaften. Es ist Ihnen daher nicht erlaubt das Papier unbeschrieben zu belassen.

Auch wenn Ihnen zunächst nur negative Eigenschaften in den Sinn kommen, gibt es hierfür einen kleinen Trick. Jede negative Eigenschaft kann eine positive Eigenschaft mit sich bringen. Ich möchte Ihnen dazu ein kleines Beispiel geben:

Sie bemängeln an sich selbst, dass Sie bei Gesprächen kein Wort herausbringen. Ständig sind Sie in Unterhaltungen eher passiv und Ihnen fällt es schwer sich zu öffnen. Was für positive Eigenschaften könnten hieraus entstehen? Auf den ersten Blick erscheint dies als eine rein negative Eigenschaft. Doch betrachten Sie es doch einmal von einer gewissen Distanz. Dadurch, dass Sie nicht viel in Konversationen sprechen kann es sein, dass Sie sich eher auf das Zuhören konzentrieren. Sie sind also wirklich ein guter Zuhörer. Sehen Sie, diese Eigenschaft hat also doch eine positive Seite.

Natürlich hat nicht jede negative Eigenschaft auch eine positive Komponente. Es geht bei dieser Übung auch nicht darum, dass Sie sich Ihre negativen Eigenschaften gut reden. Es kann Eigenschaften, die Sie als reine Probleme ansehen. Das ist vollkommen in Ordnung. Wie Sie mit diesen Eigenschaften umgehen, werden Sie später erfahren.

Schreiben Sie alle positiven Eigenschaften auf, die Ihnen in den Sinn kommen, egal wie klein und unbedeutend Sie auch erscheinen mögen. Finden Sie dabei so viele wie möglich. Sie sollten mindestens 10 positive Eigenschaften finden. Am besten finden Sie natürlich über 100. Klingt das für Sie unrealistisch? Wenn Sie sich genug Mühe geben, wird es Ihnen irgendwann leicht fallen noch mehr als 100 positive Eigenschaften zu finden. Jeder Mensch hat eine unglaubliche Vielzahl an positiven Eigenschaften – auch Sie!

Wenn Sie viele positive Eigenschaften gefunden haben, kommen Sie zu Ihren Glaubenssätzen. Glaubenssätze sind gewisse Einstellungen die wir im Leben vertreten – unsere Werte und Vorstellungen. Wir alle leben nach bestimmten Regeln, auch wenn wir diese Regeln nicht immer klar definiert haben.

Überlegen Sie sich nach welchen Regeln und Werten Sie leben. Ein solcher Glaubenssatz könnte beispielsweise sein: „Stehlen ist schlecht, daher stehle ich niemals von anderen Menschen." oder „Wenn ich im Bus eine ältere oder kranke Person sehe, biete ich ihr meinen Sitzplatz an." Diese Werte sind natürlich sehr spezifisch. Sie können natürlich auch allgemeinere Glaubenssätze finden, wie zum Beispiel: „Mir ist es wichtig, dass ich mich stets weiterentwickle. Aus diesem Grund arbeite ich an meinen Fehlern und tue alles dafür immer wieder ein besserer Mensch zu werden."

Überlegen Sie sich nun wie Ihre persönlichen Glaubenssätze aussehen und bringen Sie sie zu Papier. Versuchen Sie mindestens 20 dieser zu finden.

Jetzt fehlen nur noch Ihre positiven Fähigkeiten. Hierbei können Sie wieder so spezifisch wie möglich werden. Beispiele könnten zum Beispiel die folgenden sein: "Ich bin ein guter Eiskunstläufer", „Ich kann gut kochen" oder „Ich bin gut darin, wenn es darum geht meine Finanzen zu verwalten".

Hierbei wird Ihnen sicher eine Vielzahl von positiven Fähigkeiten einfallen. Sie haben sicher viele Talente und diese sollten Sie alle auf das Blatt Papier schreiben.

Sie haben Ihre positiven Eigenschaften, Glaubessätze und Fähigkeiten aufgeschrieben? Super! Sie haben es geschafft Ihr positives Selbstbild darzustellen.

Schauen Sie sich doch einmal an wie viele positive Merkmale Sie haben. Hätten Sie gedacht, dass wirklich so viel in Ihnen schlummert?

Wenn Sie denken, dass Sie zu wenig zu Papier bringen

konnten ist das auch kein Problem. Es liegt nicht daran, dass Sie ein schlechter Mensch sind oder keine Qualitäten aufweisen. Sie sind einfach noch nicht an dem Punkt, dass Ihnen Ihre positiven Eigenschaften auffallen. Wiederholen Sie diese Übung jeden Tag für mehrere Minuten. So werden Sie schnell Fortschritte machen und schon bald werden Sie eine lange Liste vor sich haben. Geben Sie nicht auf!

Was bringt uns das positive Selbstbild?

Bei mangelndem Selbstbewusstsein sehen wir oftmals nur unsere negativen Eigenschaften und Fähigkeiten. Wir verdrängen alles Positive und dadurch haben wir keinen Grund dafür, uns selbst zu lieben. Sie müssen wieder stolz auf sich sein können und dabei wird Ihnen das positive Selbstbild helfen.

Von nun an wir Sie das positive Selbstbild begleiten. Machen Sie es zur Gewohnheit alle Punkte durchzulesen und sehen Sie, was für tolle Eigenschaften Sie als Mensch haben. Nehmen Sie sich dazu jeden Tag mindestens 5 Minuten Zeit. Lesen Sie alle Punkte in Ruhe durch und ergänzen Sie die Liste, falls Ihnen spontan noch etwas einfällt.

Es hilft auch sehr, wenn Sie die einzelnen Punkte laut vorlesen. Dadurch sind Sie in einem aktivierten Zustand und Sie können die Punkte besser verinnerlichen.

Übung 2: Schwächen akzeptieren

Neben den negativen Eigenschaften, die Sie haben, hat natürlich auch jeder Mensch Schwächen. Kein Mensch ist perfekt und das ist auch gut so. Die Welt wäre doch sehr langweilig, wenn jeder Mensch alles können würde und in jedem Gebiet ein Experte wäre.

Nehmen Sie sich wieder ein Blatt Papier zur Hand und schreiben Sie alle Schwächen auf, die Sie haben. Dabei sollten Sie vor allem die Schwächen finden, die Sie belasten und durch Die Ihr Selbstbewusstsein oft im Keller ist.

Wenn Sie eine Liste mit Ihren Schwächen angefertigt haben, kommen wir nun zum nächsten Schritt dieser Übung: Der Akzeptanz.

Am besten stellen Sie sich vor einen Spiegel und betrachten Sie sich. Wählen Sie eine Schwäche von der Liste aus und sprechen Sie es laut aus: „Ich bin … und das ist vollkommen in Ordnung!“ oder „Ich habe … und das ist vollkommen in Ordnung!“

Wiederholen Sie dies für jeden Punkt mindestens 5-mal,

dann gehen Sie zum nächsten Punkt über, bis Sie die ganze Liste durchgearbeitet haben. Versuchen Sie die Aussage zu verinnerlichen. Tun Sie es nicht nur, weil es Ihnen diese Übung vorschreibt. Sie sollten hinter der Aussage stehen und kraftvoll sprechen.

Warum ist Akzeptanz wichtig?

Einer der ersten Schritte, den Sie gehen müssen, ist es, dass Sie Ihre Schwächen akzeptieren müssen. Wie sollen Sie sich selbst lieben, wenn Sie sich nicht selbst akzeptieren? Oftmals entsteht ein geringes Selbstwertgefühl dadurch, dass wir zu hohe Erwartungen an uns selbst haben. Wir sehen andere Menschen und denken: So wäre ich auch gern! Sie müssen aber verstehen, dass Sie nicht in jedem Bereich perfekt sein können. Jeder Mensch hat Schwächen, auch die Menschen, die Sie bewundern.

Natürlich können Sie immer daran arbeiten, dass Sie Schwächen ablegen und stetig ein besserer Mensch werden. Sie haben ja auch eine Schwäche in Ihrem Selbstbewusstsein und lesen dieses Buch, um etwas dagegen zu tun. Akzeptieren heißt nicht, dass Sie aufgeben und das Problem als solches einfach unter den Teppich kehren. Akzeptieren heißt, eine Schwäche als solche zu erkennen und emotionale Belastung durch Sie auszuschließen. Wenn Sie eine Schwäche als solche akzeptiert haben wird es Ihnen sogar leichter fallen, an dieser zu arbeiten.

Akzeptieren Sie sich selbst so wie Sie sind, indem Sie diese Übung auch täglich wiederholen. Machen Sie sie zu einer Gewohnheit.

Übung 3: Affirmationen

Der nächste Schritt zur Selbstliebe sind die Affirmationen. Affirmationen dienen zur Stärkung unserer Haltung und unseres Selbstbewusstseins. Da wir in Übung 1 bereits unser positives Selbstbild geschaffen haben, können wir dieses nun dazu nutzen, um Affirmationen anzuwenden.

Suchen Sie sich 3 gute Fähigkeiten Ihrer Persönlichkeit aus. Beispielsweise könnten 3 gute Fähigkeiten sein:

- Ich bin ein guter Freud.
- Ich bin zuverlässig.
- Ich bin einfühlsam und verständnisvoll.

Nun erweitern wir diese Fähigkeiten mit den Fähigkeiten, die Sie ausbauen möchten. Hier Beispiele in Bezug auf Selbstliebe und Selbstbewusstsein:

- Ich bin selbstbewusst.
- Ich bin ein guter Mensch.
- Ich akzeptiere meine Schwächen.
- Ich bin stark.

- Ich bin etwas ganz Besonderes.
- Ich kann alles schaffen.
- Ich stecke voller Potential.
- Ich liebe mich selbst.

Wenn Sie sich eine Liste von Fähigkeiten zusammengestellt haben, können Sie mit den Affirmationen beginnen. Ziehen Sie sich an einen ruhigen Ort zurück, an dem Sie sich wohl und sicher fühlen. Atmen Sie tief durch und verinnerlichen Sie die Aussagen.

Nun gehen Sie jeden Punkt der Liste durch und sprechen Sie ihn laut aus. Hier ein Beispiel für einen Ablauf der Affirmationen für eine Person mit dem Namen Julia und den oben aufgelisteten Fähigkeiten:

Sprechen Sie es laut aus:

„Ich bin Julia und ich bin ein guter Freud."

(Halten Sie Inne und lassen Sie die Aussage auf sich wirken.)

Sprechen Sie es laut aus:

„Ich bin Julia und ich bin zuverlässig. "

(Halten Sie Inne und lassen Sie die Aussage auf sich

wirken.)

Sprechen Sie es laut aus:

„Ich bin Julia und ich bin einfühlsam und verständnisvoll. “

(Halten Sie Inne und lassen Sie die Aussage auf sich wirken.)

…

Sprechen Sie es laut aus:

„Ich bin Julia und ich stecke voller Potential. “

(Halten Sie Inne und lassen Sie die Aussage auf sich wirken.)

Sprechen Sie es laut aus:

„Ich bin Julia und ich liebe mich selbst. “

(Halten Sie Inne und lassen Sie die Aussage auf sich wirken.)

(Beginnen Sie von vorn und wiederholen Sie alle Aussagen.)

Gehen Sie die Liste mindestens 4-mal durch. Während Sie sprechen, versuchen Sie sich selbst zuzuhören. Verinnerlichen Sie die Aussagen, anstatt sie einfach herunterzulesen. Jede Aussage ist wichtig, nehmen Sie sich also Zeit für jeden einzelnen Punkt.

Wenden Sie diese Übung jeden Tag an. Sie können sich auch spontan, in Situationen in denen Sie Unsicherheit verspüren, zurückziehen und die Übung anwenden.

Was bewirken Affirmationen?

Übung 3 beruht auf einem psychologischen Trick. Ein englisches Sprichwort besagt: „Fake it, till you make it." Übersetzt bedeutet dies so viel wie: „Mache Dir etwas vor, bis es zur Wirklichkeit wird." Wir reden uns eine gewisse Sache so lange ein, bis wir sie verinnerlicht haben und wirklich danach leben.

Selbstbewusstsein und Selbstliebe sind innere Gefühle, die allein von unserer Einstellung und unserem Denken abhängig sind. Wenn wir unsere Gedanken also umstrukturieren und langfristig formen, fällt es uns leichter Selbstliebe aufzubauen. Affirmationen können einen großen Teil bei der Umstrukturierung unserer Gedanken beitragen.

Wir reden so lange auf uns selbst ein, bis wir die Aussagen glauben.

Es ist wichtig, dass Sie die Übung regelmäßig anwenden und zu einer Gewohnheit machen. Der Mensch ist ein Gewohnheitstier. Gewohnheiten definieren unser Denken und unsere Gefühle.

Wenn Sie die Affirmationen regelmäßig anwenden, werden Sie bemerken, dass es Ihnen leichter fallen wird, positive Gedanken über sich selbst zu finden.

Wenn Sie die Affirmationen aufsagen, sprechen Sie so, als würden Sie wirklich daran glauben. Es genügt nicht die Liste schnell abzulesen, nur um es hinter sich zu bringen und mit dem Alltag weiter zu machen. Sie möchten Ihre Gedanken umstellen und dies ist nur möglich, wenn Sie Ihre Gedanken wirklich anpassen.

Übung 4: Die richtige Körperhaltung

Unsere Körperhaltung hat einen unbewussten Einfluss auf unser Denken. Wenn wir uns unsicher fühlen oder Angst haben, krümmt sich unser Rücken und wir machen uns kleiner. Selbstbewusste Menschen haben meist eine starke Körperhaltung – Sie strahlen ihre Selbstliebe nach außen aus.

Unser Selbstwertgefühl beeinflusst aber nicht nur unsere Haltung, auch die Haltung beeinflusst das Selbstwertgefühl. Wenn Sie Ihre Körperhaltung ändern, stärken Sie somit automatisch Ihr Selbstbewusstsein.

Versuchen Sie stets eine aufrechte und starke Haltung einzunehmen. Egal ob beim Sitzen oder Gehen, achten Sie immer darauf Ihren Rücken gerade zu halten. Wenn Sie sich dabei erwischen, wie Sie in Ihre alte Haltung zurückfallen, korrigieren Sie es sofort und nehmen Sie wieder eine selbstbewusste Haltung ein.

Zu Beginn, wenn Sie es gewöhnt sind eine gekrümmte Haltung einzunehmen, wird es sehr häufig passieren, dass Sie in alte Verhaltensmuster zurückfallen. Wenn Sie sich aber immer wieder aufraffen und Ihre Haltung ändern, wird es schon bald vollkommen normal für Sie sein, dass Sie eine starke Haltung einnehmen. Ohne dass Sie sich versehen, gehört eine gerade Haltung zu Ihnen. Innerlich spüren Sie, wie Sie sich selbstbewusster fühlen und Sie strahlen dieses Selbstbewusstsein auch nach außen aus.

Von der Selbstliebe zum selbstbewussten Auftreten

Durch die 4 Übungen, die Sie bisher kennengelernt haben, können Sie Ihre innere Einstellung umstrukturieren. Nun haben Sie in Ihrem Inneren alles getan, um Selbstliebe und Selbstbewusstsein aufzubauen. Wenn Sie die Übungen regelmäßig anwenden, können Sie diese Einstellung aufrechterhalten und das Fundament ist damit geschaffen.

Im nächsten Teil des Buches gehen wir aus uns heraus. Unser Inneres wird durch unsere Umwelt geformt – durch Erfahrungen und Kontakte mit anderen Menschen.

Selbstliebe und selbstbewusstes Auftreten hängen eng zusammen und beeinflussen sich gegenseitig. Wenn Sie sich selbst lieben, fällt es Ihnen leichter selbstbewusst aufzutreten. Wenn Sie selbstbewusst auftreten, stärkt dies Ihr Selbstbewusstsein und es fällt Ihnen leichter sich selbst zu lieben.

In den nächsten Übungen lernen Sie Tricks, mit denen Sie sicherer im sozialen Bereich werden.

Übung 5: Augenkontakt halten

Unsichere Menschen neigen dazu Augenkontakt zu meiden. Unsere Gesprächspartner fühlen sich dadurch nicht willkommen und Sie wirken, als würden Sie sich unwohl in der Situation fühlen.

Wenn Sie Augenkontakt halten und am besten dazu noch Ihrem Gegenüber mit einem Lächeln in die Augen schauen, machen Sie einen selbstbewussten und sympathischen Eindruck. Ihr Gesprächspartner hat Freude, wenn er mit Ihnen spricht und die lockere Atmosphäre macht es Ihnen leichter sich auszutauschen.

Achten Sie aber auch darauf, dass Sie Ihren Gesprächspartner nicht durch Starren einschüchtern. Wenn der soziale Bereich für Sie eine Herausforderung ist, kann es dazu kommen, dass Sie nicht immer genau wissen, wie Sie in bestimmten Situationen reagieren sollen. Das ist vollkommen normal. Wenn Sie aus sich heraus gehen und oft mit Menschen kommunizieren, werden Sie schnell sicherer und gewinnen an wertvoller Erfahrung.

Sollte der Augenkontakt ein Problem für Sie sein, können

Sie sich langsam herantasten. Erwischen Sie sich dabei, wie Sie von Ihrem Gesprächspartner wegschauen, fangen Sie Ihre Blicke wieder ein und schauen Ihm in die Augen. Halten Sie den Augenkontakt für 4 Sekunden, dann blicken Sie wieder weg. Wenn Sie sich sicherer fühlen, können Sie den Augenkontakt länger halten. Auf diese Weise nähern Sie sich langsam an und werden nicht unruhig.

Wenn Sie diese Übung oft anwenden, merken Sie, dass Ihnen das Kommunizieren mit Anderen leichter fällt und Sie sogar Freude daran haben. Sie gehen aus sich heraus und machen schnell Fortschritte – überwinden Sie einfach Ihre Ängste. So werden Sie schon bald sicherer auftreten und Ihr Selbstwertgefühl steigt von ganz allein.

Übung 6: Lächeln

Ich habe es in der letzten Übung bereits leicht angeschnitten – durch ein freundliches Lächeln wirken Sie auch sympathischer auf Ihre Gesprächspartner. Es verhält sich hierbei genauso wie mit Ihrer Körperhaltung:

Wenn Sie glücklich sind, lächeln Sie.

Wenn Sie lächeln, werden Sie automatisch glücklicher.

Dieser psychologische Trick kann Ihnen dabei helfen aus sich heraus zu treten. Wenn Sie in Gesprächen Ihr Gegenüber anlächeln, wirken Sie nicht nur freundlich, Sie haben auch automatisch Freude an der Konversation. Auf diese Weise freuen Sie sich über soziale Interaktionen und werden sicherer in dem Gebiet.

Wenn Sie in Gesprächen lächeln, werden sich auch viel tiefere Gespräche ergeben, da Sie schneller Vertrauen aufbauen können und Ihre Gesprächspartner Interesse daran haben Sie besser kennenzulernen.

Als Übung gehen Sie genauso vor, wie beim Augenkontakt. Nähern Sie sich langsam an und setzen Sie ein Lächeln auf, wenn Sie merken, dass Sie es nicht tun. Achten Sie natürlich auch darauf, ob ein Lächeln in der Situation angebracht ist. Wenn Ihr Gegenüber über einen traurigen Schicksalsschlag erzählt, kann ein Lächeln auch abschreckend wirken.

Übung 7: Gestik

Schauen Sie sich Vorträge oder Reden von erfolgreichen Menschen an. Sie werden schnell erkennen, dass der Schlüssel zum charismatischen Auftreten die Gestik ist. Diese Menschen untermalen ihre Worte mit Handbewegungen und verschiedenen Haltungen.

Studieren Sie diese Menschen, um zu verstehen wie Gestik Aussagen unterstreicht. Sie wirken dadurch lebendiger und erwecken Interesse bei Ihrem Gesprächspartner. Es hilft Ihnen auch dabei bei Gesprächen aktiver zu werden und aus sich heraus zu kommen. Vielleicht fällt es Ihnen zu Beginn noch schwer, doch, wenn Sie es weiter versuchen, merken Sie, dass Sie aufgeschlossener werden und sicherer Auftreten. Das wird Ihr Selbstbewusstsein beflügeln!

Ein guter Nebeneffekt ist, dass wir oft mit unseren Armen eine Abwehrhaltung einnehmen oder nicht wissen, wie wir bei Gesprächen mit unseren Armen umgehen sollen. Wenn Sie Ihre Arme vor der Brust verschränken, gibt das Ihrem Gegenüber das Signal, dass Sie abblocken möchten und Sie wirken dadurch unterbewusst unsympathischer.

Wenn Sie die Gestik gemeistert haben, können Sie sogar noch einen Schritt weitergehen und durch kleine Berührungen Ihre Bindungen noch weiter stärken. Durch ein kurzes Auflegen Ihrer Hand an der Schulter Ihres Gesprächspartners können Sie Verbundenheit ausdrücken. Berührungen sind aber schwerer zu meistern, da dies viel Fingerspitzengefühl voraussetzt. Ihr Gegenüber kann sich auch durch Berührungen schnell eingeschüchtert fühlen und durch zu viele Berührungen wirken Sie zu aufdringlich. Sie müssen Reaktionen deuten können und lernen so, in welchen Momenten Berührungen hilfreich sein können.

Übung 8: Reaktion statt Konfrontation

Wenn es um die Kommunikation geht ist ein wichtiger Teil die Wahl des Gesprächsthemas. Ob Smalltalk oder tiefe Gespräche, das Gesprächsthema ist sehr wichtig, wenn es darum geht, symphytisch und interessant zu wirken.

Eine gute Übung, zur Findung des richtigen Themas ist die Reaktion.

Zu Gesprächsbeginn stellen Sie Fragen. Sie fragen Ihr Gegenüber wie sein Tag war oder was Ihn zurzeit beschäftigt. So erkennen Sie schnell, was ihn gerade interessiert und über was er gerne sprechen möchte. Gehen Sie darauf ein und erzählen Sie im besten Fall eine Geschichte aus Ihrem Leben, die mit den Situationen vergleichbar ist. Achten Sie aber darauf, dass Sie nicht nur von sich selbst sprechen, sondern auch zuhören.

Ein Fehlen den viele Menschen machen, ist, dass Sie durch Unsicherheit bereits vorher darüber nachdenken, was Sie bei einem Gespräch erzählen könnten. Wenn Sie so vorgehen, kann es schnell dazu kommen, dass Sie unzusammenhängende Dinge über sich erzählen, für die Ihr Gegenüber vielleicht gar kein Interesse hat. Sie sollen nicht konfrontieren, Sie sollen reagieren. Hier ein Beispiel:

Sie denken darüber nach, über was Sie erzählen könnten und kommen dabei auf Ihr Interesse an Fußball. Im Gespräch fangen Sie an darüber zu erzählen, wie Sie das Speil Ihrer Lieblingsmannschaft geschaut haben. Was Sie zu diesem Zeitpunkt jedoch nicht wissen, ist, dass Ihr Gesprächspartner sich überhaupt nicht für Fußball interessiert.

Ein anderer Ansatz:

Sie beginnen das Gespräch und fragen Ihren Gesprächspartner, welche Interessen er hat. Dabei erfahren Sie, dass Ihr Gegenüber sich für Tennis interessiert. Nun können Sie besser auf Ihn eingehen und sogar Verknüpfungen mit Ihren Interessen herstellen. Vielleicht waren Sie schon einmal in einem Fußballstadion und fragen Ihren Gesprächspartner daher, ob er schon einmal bei einem großen Tennisspiel live dabei war. Sie könnten darüber reden, wie unterschiedlich die Emotionen im Publikum sind. Denken Sie aber immer daran, nicht wertend zu werden. Sprechen Sie nicht darüber, dass

Fußball der bessere Sport ist.

Dies war nur ein Beispiel für eine Reaktion. Es gibt viele verschiedene Interessen, die miteinander verknüpft werden können. Lernen Sie kreativ zu sein. Reagieren Sie auf die Interessen des anderen, statt einfach zu konfrontieren. So finden Sie Gesprächsthemen, die beiden Seiten Freude bereitet.

Von der Theorie zur Praxis

Mit den gegebenen Übungen und Tipps können Sie sicherer und selbstbewusster im Umgang mit anderen Menschen werden. Natürlich werden Sie durch die Übungen nicht sofort zu einem Meister in der Kommunikation mit Andren. Im Zentrum steht das Gefühl der Selbstliebe und mit den gegebenen Tipps können Sie dieses Gefühl problemlos ausbauen.

Es gibt noch viele Tricks und Kniffe, mit denen Sie charismatischer Auftreten. Oftmals ist es jedoch wichtig, dass man sich zunächst auf das wesentliche Beschränkt. Sie wissen nun, was Sie tun müssen um eine gute Grundlage für Ihre Selbstliebe zu schaffen.

Wenn Sie merken, dass Sie große Fortschritte gemacht haben und wie Sie langsam aber sicher selbstbewusst werden, können Sie sich im Bereich der Kommunikation weiterbilden. Jetzt steht aber in erster Linie Ihre Selbstliebe im Fokus.

Denken Sie immer daran: Gewohnheiten formen uns!

Machen Sie alle Übungen zu Gewohnheiten und integrieren Sie sie in Ihr Leben. Verinnerlichen Sie alles und merken Sie, wie Ihr gefühlter Selbstwert steigt.

Kommunikation meistern

Nachdem wir mit der Theorie durch sind, geht es nun an die Praxis. Am Anfang wird es schwierig sein, alle Punkte anzuwenden. Es sind viele Dinge, auf die man achten muss und dazu braucht es schlicht und einfach viel Übung.

Es ist wichtig, am Anfang nicht zu hohe Ansprüche an sich zu stellen. Sie werden sich noch öfters von andern eingeschüchtert fühlen – auch wenn Sie jetzt wissen, dass Sie eigentlich keinen Grund dazu haben – oder eine steife Haltung bei einem Gespräch bewahren, doch das ist normal. Sie werden sich mit der Zeit an Ihr neues, selbstbewusstes Ich gewöhnen und dann werden Augenkontakt, klare Sprechweise und sichere Haltung einfach zu Ihnen dazugehören.

Wenn es Ihnen einfacher fällt, üben Sie die neuen Punkte mit Familienmitgliedern oder Menschen, die Ihnen vertraut sind, bis Sie sich an die verschiedenen Übungen gewöhnt haben. Eine Familienfeier oder ein Treffen mit einem alten Freund eignet sich besonders gut, da hier die Nervosität vor dem Kennenlernen neuer Menschen wegfällt. Versuchen Sie mit neuen Themen aufzukommen, zuzuhören und vielleicht neue Dinge von Ihrem Gegenüber zu erfahren.

Bei Ihren ersten „Gehversuchen“ sollten Sie vorerst nur eine Sache von den Praxistipps ausprobieren. Am besten sollten Sie mit etwas anfangen, was Ihnen am einfachsten fallen wird umzusetzen. Eine gute Haltung oder Lächeln gehört zu der einfacheren Sparte, lautes und klares Sprechen ist dagegen etwas, auf das man sich anfangs stark konzentrieren muss und mehr Aufmerksamkeit erfordert. Daher entspannen Sie sich und fokussieren Sie sich auf die kleinen Erfolge. Haben Sie es geschafft, bei einem Gespräch länger Augenkontakt zu halten als sonst, dann ist das schon ein Grund, um auf sich selbst stolz zu sein und sich auf die Schulter zu klopfen. Selbstbewusstsein aufzubauen und zeigen zu können, ist wie ein erster Marathonlauf: Es braucht Zeit, ein konstantes Engagement und Ihre Endzeit spielt keine Rolle; man muss nur am Ziel ankommen. Lassen Sie sich Zeit und freuen Sie sich über jeden Erfolg. Setzen Sie sich dabei kleine Ziele und erweitern Sie fortwährend Ihre Liste aus Kapitel 1.

Dies ist nun ein kleines Projekt, das Sie starten, wobei Spaß und Entspannung die höchste Priorität haben sollten. Fordern Sie sich immer wieder, aber tun Sie dies ohne Zwang. Manchmal haben Sie auch schlechte Tage oder werden mit Ihrem Gegenüber nicht so auskommen, wie Sie sich das vorgestellt haben. Das Wichtigste ist, einfach dran zu bleiben, kleine Rückschläge als normale Voraussetzung auf Ihrem Weg zum Selbstbewusstsein zu sehen und von ihnen zu lernen.

Denken Sie daran: Jeder hat es verdient, selbstsicher zu sein, man muss sein Selbstbewusstsein nur finden. Viel Erfolg und Freude auf Ihrer Suche.

Holen Sie Ihre innere Stimme ins Boot

Sie können sich Ihrer Werte bewusst sein, klare Ziele gesetzt haben, jeden Tag daran arbeiten und sich bei unproduktiven Tagen verzeihen. Aber eine Sache müssen Sie bei all dem unter Kontrolle kriegen, um ein gesunden Selbstwertgefühl aufzubauen: Ihre innere Stimme! Sie ist ein ständiger Begleiter und einer der größten Faktoren unseres Selbstwertgefühls. Reden Sie sich ständig ein, dass Sie das alles nicht schaffen und ein Versager sind, oder motivieren Sie sich selbst und freuen sich auf die nächste Herausforderung? Die Einstellung unserer inneren Stimme und damit von uns selbst ist wahrscheinlich der wichtigste Punkt, um unser Selbstwertgefühl zu verbessern. Damit Sie mit Ihrer inneren Stimme im Einklang sind und Sie Ihnen dabei hilft, Ihre Ziele zu erreichen, werden wir uns zunächst anschauen, woher die innere Stimme kommt und was entscheidet, ob sie uns hilft oder schadet. Danach werden Sie nachgewiesen effektive Schritte lernen, um Ihre innere Stimme zum Guten zu wenden. Die Methode, die wir dafür anwenden, wird täglich in psychotherapeutischen Verfahren genutzt und es konnte in vielen Studien gezeigt werden, dass Sie Menschen glücklicher und zufriedener macht.

Woher kommt unsere innere Stimme? Sind wir selbst unsere innere Stimme oder ist es nur ein Teil von uns? Wie kommt es, dass sie so oft anderer Meinung ist als wir selbst? Viele Menschen sind nach außen hin sehr erfolgreich und glücklich. Auch wenn man sie fragt, würden sie stets bestätigen, dass sie zufrieden und glücklich sind. Doch auch diese Menschen verfolgt nachts oft ihre eigene, innere Stimme, die ihnen einredet, sie wären nicht gut genug und bald würde alles fehlschlagen. Bei den meisten von uns sieht es nicht ganz so schlimm aus, aber fast jeder kennt die Zweifel und Ängste, die wir eigentlich gar nicht haben und trotzdem erwischen wir uns dabei, dass wir sie uns selbst einreden.

Der Ursprung der inneren Stimme

Der Ursprung unserer inneren Stimme ist unser Fokus! Es ist eine durch jahrelange Gewohnheit angeeignete Brille, durch die wir die Welt sehen. Wenn Sie etwas Großes erreichen, legen Sie Ihren Fokus eher auf die glücklichen Zufälle, die dazu geführt haben, anstatt auf die harte Arbeit, die dahinter steckt. Wenn etwas schief geht, dann haben Sie sich nicht genug angestrengt. Dass dafür auch viele Zufälle zuständig waren, das ignorieren Sie. In der psychologischen Forschung nennt man das auch Attribution. Wir attribuieren Erfolge auf externe Ursachen und Misserfolge auf uns selbst. Oft passiert dies unbewusst. Denn wie wir über Ereignisse denken, scheint uns oft völlig selbstverständlich. Eine andere Sicht auf die Dinge scheint uns einfach falsch. Wenn wir diese Art des Fokus haben, dann müssen wir uns nicht wundern, dass unsere innere Stimme uns mit Selbstzweifeln und Ängsten verfolgt.

Kognitive Umstrukturierung

Um Ihre innere Stimme in den Griff zu kriegen, müssen Sie anfangen, ihren Fokus zu ändern und ganz bewusst eine neue Stimme erklingen lassen. Der Weg, ihren Fokus zu ändern und eine innere Stimme zu entwickeln, die Ihnen dabei hilft Ihre Ziele zu erreichen, wird in der psychologischen Forschung kognitive Umstrukturierung genannt. Einfacher gesagt, heißt das, Ihre spontanen Gedanken bewusst zu beeinflussen und zum Besseren zu wenden. Es gibt viele Wege dies zu tun und verschiedene Formen werden in unzähligen Psychotherapien genutzt, um Depressionen, Angststörungen und viele andere psychische Probleme zu bekämpfen. Im Folgenden werden Sie eine einfache Methode der kognitiven Umstrukturierung lernen, die Sie jeden Tag selbst anwenden können.

Die 5 Spalten Technik

Der erste Schritt dieser Methode ist, wie auch zu Anfang des Buches genannt, die Realität zu akzeptieren. Allerdings auf kleinerer Ebene. Es geht darum, dass Sie sich Ihrer alltäglichen negativen Gedanken bewusst werden und diese aufschreiben. Sie müssen akzeptieren, dass Sie Selbstzweifel haben und Ihrer inneren Stimme genau zuhören. Immer wenn Sie sich dabei erwischen, einen negativen Gedanken zu haben, dann schreiben Sie sich die Situation auf, in der Ihnen der Gedanke gekommen ist und den genauen Gedanken. Dies ist vor allem wichtig, wenn es ein wiederkehrender Gedanke ist. Dabei sollten Sie jeden Gedanken aufschreiben, der dazu führt, dass Sie sich schlecht fühlen oder ein geringeres Selbstwertgefühl entwickeln. Es ist irrelevant, wie berechtigt und rational Sie den Gedanken finden. Oft halten wir unsere negativen Selbstvorstellungen für so selbstverständlich, dass wir sie gar nicht mehr als negative Gedanken auffassen.

Die Bestandsaufnahme

Erstellen Sie sich eine Liste mit 5 Spalten. In die erste Spalte kommt die Situation, in der Ihnen ein negativer Gedanke gekommen ist. In die zweite Spalte schreiben Sie den negativen Gedanken selbst. Soweit haben Sie nur die beobachtete Situation aufgeschrieben. Die dritte Spalte dient dazu, das Ergebnis aus Ihrer Situation und Ihrem Gedanken zu beschreiben.

Nehmen wir an, die Situation war ein Geschäftsmeeting, bei dem Sie etwas gesagt haben, was bei Ihren Gesprächspartnern nicht gut ankam. Ihr negativer Gedanke war dann „Oh nein, jetzt habe ich schon wieder etwas Dummes gesagt". In die dritte Spalte könne Sie jetzt zum Beispiel als Konsequenz schreiben: „Ich fühle mich schlecht und minderwertig und werde ab jetzt lieber nichts mehr in Meetings sagen".

Die neue Stimme

Die vierte Spalte wird jetzt mit einem positiveren und selbstwertdienlichen Ersatzgedanken gefüllt. In dem Beispiel wäre dies vielleicht „Meine Idee scheint keinen Anklang zu finden, vielleicht sollte ich das Problem noch einmal überdenken“. Hier steckt kein Selbstvorwurf in dem neuen Gedanken und Sie sind motivierter eine Lösung für das Problem zu finden. Seien Sie kreativ bei den Ersatzgedanken. Man kann fast jede Situation positiv sehen oder zumindest positiver als unsere innere Stimme uns das glauben lässt. In die fünfte Spalte schreiben Sie die mögliche Konsequenz aus der Situation und dem neuen Gedanken. Im Beispiel vielleicht „Ich freue mich, Feedback bekommen zu haben und bin motiviert, eine neue Lösung zu finden“. Es geht hierbei natürlich darum, dass die mögliche Konsequenz besser ist als die Konsequenz des negativen Gedankens. Seien sie ruhig so positiv, wie Sie nur können, in Ihrer Erwartung der Konsequenz. Dies verstärkt das Gefühl, dass es sich lohnt, den Ersatzgedanken gegenüber dem negativen Gedanken zu wählen.

Schritt für Schritt zu mehr Selbstwert

Wenn Sie die Tabelle mit mehreren Situationen und Gedanken ausgefüllt haben, dann arbeiten sie aktiv und bewusst daran, jedes einzelne Mal, wenn Sie den negativen Gedanken haben, aktiv den Ersatzgedanken zu nutzen. Am Anfang wirkt das ein bisschen künstlich und man fühlt sich oft nicht so recht wohl dabei. Aber denken sie daran, dass der Ersatzgedanke zu einem besseren Ergebnis führt und versuchen Sie ihn mit voller Überzeugung zu denken. Tun Sie dies oft genug, so wird er ein Teil Ihres Selbst und Ihre innere Stimme verändert sich nach und nach zum täglichen Helfer in allen Situationen. Versuchen Sie am Anfang nicht gleich alle negativen Gedanken zu ersetzen. Konzentrieren Sie sich erst auf die 3 häufigsten und negativsten Gedanken und ersetzen Sie damit nach und nach immer mehr von Ihren Gedanken.

Die Anatomie des Selbstbewusstseins

Selbstbewusstsein ist Selbstwert und Kompetenz

Selbstbewusstsein ist gleichzusetzen mit der Antwort auf die Frage, „Wie fühlen Sie sich selbst in Bezug auf das, was Sie sind?“. Sie sollten daran arbeiten, diese Frage für sich selbst zu beantworten. Selbstbewusstsein lernen wir – zuallererst in unserer Familie. Es ist nicht etwas, das wir von vornherein schon intuitiv in uns haben. Das Selbst*wert*gefühl – gleichzusetzen mit Selbstbewusstsein – bekommen wir zuerst dadurch, dass andere uns einen *Wert* geben. Wir sind als Kinder *wertvoll* für unsere Eltern. Später für unsere Freunde, unsere Partner und Kollegen. Je größer der Grad der Anerkennung durch andere, umso besser sind die Umstände, in denen sich unser Selbstbewusstsein entfalten und unser Selbstwertgefühl halten kann. Die Wertschätzung durch andere funktioniert dabei wie ein Katalysator.

Es ist aber nicht nur entscheidend, ob andere uns Wert geben, sondern wir müssen im Einklang damit uns auch selber den Wert geben, den wir verdienen. Das bedeutet, selbst-*bewusst* darüber zu reflektieren, wer wir sind, wer wir sein wollen und was wir bereits erreicht haben. Im Grunde ist das auch die Frage danach „Wie zufrieden sind wir mit uns selbst?“. In Anlehnung daran haben Psychotherapeuten Selbstbewusstsein auch definiert als den „Glauben darüber, wie kompetent wir darin sind, die Herausforderungen des Lebens für uns zu meistern und ein lebenswertes Leben zu führen“. Aus der Antwort auf diese Frage ergibt sich dann auch eine mehr oder weniger große Überzeugung darüber, ob wir es verdient haben, glücklich zu sein.

Die Anatomie des Selbstbewusstseins setzt sich also zusammen aus einer „Kreiskausalität“: Wenn wir selbstbewusst sind, handeln wir konsequenter. Und andersherum: Umso konsequenter wir in der Umsetzung unserer Vorstellungen handeln, umso selbstbewusster und schließlich auch glücklicher werden wir. Oft wird die Konsequenz in der Umsetzung unserer Vorstellungen auch als *Erfolg* beschrieben. Erfolg macht glücklich, heißt es.

Warum? Weil der Erfolg unser Selbstbewusstsein und unser Selbstwertgefühl steigert und uns signalisiert, dass wir es uns verdient haben, glücklich zu sein! Aber Vorsicht: Erfolg ist zwar wichtig, aber trotzdem nicht alles, wenn es um die Entfaltung unseres Selbstbewusstseins geht. Darauf möchte ich im nächsten Abschnitt genauer eingehen.

*Selbst*bewusst oder *Anders*bewusst

Da wir nicht für uns alleine sind auf diesem Planeten und in unserer Welt, sondern immer im Verhältnis und im Kontext zu anderen handeln, müssen wir immer wieder mit unserem Umfeld, der Gesellschaft und den Menschen um uns herum abgleichen, wo wir stehen. Wenn wir zwar erfolgreich sind, aber gleichzeitig rücksichtslos anderen gegenüber und diese uns deshalb keinen echten Respekt entgegenbringen, so werden wir trotz unseres Erfolges ein Problem mit unserem Selbstbewusstsein haben. Der ständige Abgleich mit anderen und mit der Frage danach, wie andere uns sehen und wieviel Wert andere uns geben, ist der Punkt, an dem sich Selbstbewusstsein von Egoismus und Selbstsucht unterscheidet. Dieser Punkt ermöglicht es uns, ein *gesundes* Selbstbewusstsein und Selbstwertgefühl zu entwickeln und zu pflegen. Diese Seite unseres Verhältnisses zu anderen dürfen wir nicht ignorieren.

Andererseits dürfen wir auch uns selbst nicht ignorieren in dem Bestreben, für andere da zu sein. Das Selbst und die anderen – das ist immer ein Akt der Balance. Den müssen Sie üben. Es gibt Warnsignale, die Sie beachten sollten, um nicht zu sehr in die eine (Selbstsucht) oder andere Richtung (übertriebener Altruismus) abzudriften.

Einer der wichtigsten Punkte bei der Wertzuschreibung durch uns selbst und durch andere ist, dass wir uns nicht künstlich kleiner machen sollten, als wir sind. Wir müssen verstehen, dass am Ende wir selbst der wichtigste Mensch in unserem Leben sind. Wir alle haben Eltern, Verwandte und Partner, die uns durch unser Leben begleiten. Aber am Ende müssen wir einsehen, dass wir alleine gekommen sind und alleine wieder gehen müssen. Damit müssen wir die volle Verantwortung für all unser Tun übernehmen, ob wir es wollen oder nicht. Viele von uns machen den Fehler, nur noch für andere - unseren Beruf, unsere Partner, unsere Eltern oder unsere Kinder - zu leben. Wir stellen Sie über alles andere in unserem Leben (inklusive uns selbst), und vergessen und verlieren uns dabei. Es ist richtig, dass wir in unserem Leben eine Mission brauchen. Eine Mission trägt zu unserem Selbstbewusstsein bei. Andere Menschen, die Familie und unser Partner können Teil unserer Mission sein, aber nie selbst zur Mission werden. Wenn unsere Mission mit der Zeit immer weniger mit unserem eigenen Ich, sondern immer mehr mit anderen zu tun hat, dann haben wir unser Selbstbewusstsein eigentlich schon verloren. Wir sind dann im Grunde „Andersbewusst“.

Ein Beispiel ist die „Helikoptermutter“, die nach dem Auszug Ihrer Kinder aus dem Familienhaus in eine tiefe Krise fällt, weil sie sich ihr Leben lang ausschließlich über Ihre Kinder definiert hat. Oder der Manager, der sich vollkommen seinem Beruf hingegeben hat und in seiner Rente nur noch Leere empfinden kann, anstatt seinen wohlverdienten Ruhestand zu genießen. In beiden Fällen gibt es in den Persönlichkeiten, ihrem Leben und Tun nichts mehr, an das sich die Betroffenen halten können und auf das sie Selbstbewusstsein und Selbstwertgefühl aufbauen können. Externe Faktoren, also alles außerhalb von uns selbst, können wir nach einem bestimmten Punkt nicht mehr kontrollieren und genau deshalb sind sie gefährlich. Sie sollten in Ihrem Handeln deshalb nicht immer nur den Dienst an anderen Menschen oder Ideen in den Mittelpunkt stellen, sondern sich selbst dabei nie vergessen.

Ein gesundes Verhältnis ist, wenn wir den persönlichen Dingen, unseren Interessen, Wünschen und Träumen genügend Aufmerksamkeit zukommen lassen und nicht über die Liebe zu anderen völlig uns selbst vergessen. So wie es immer eine physische Grenze zwischen uns und den anderen gibt, so sollte es auch immer eine psychische geben. Völlige Selbstaufgabe macht krank. Lieben sie zuerst sich selbst und das Leben, die Energie und die Kraft, die Ihnen geschenkt wurden. Erst dann können sie auch echte und tiefe Liebe für andere empfinden.

Der Mensch, der Ordnung in seinem Leben schafft, mit einem klaren Geist, und mit der Liebe zu sich selbst ist ein Segen für alle anderen. Darum ist es wichtig, dass Sie Ordnung schaffen in Ihrem Leben: In Ihrer Vergangenheit, in Ihrer Gegenwart und in der Zukunft.

Zwei wichtige Voraussetzungen für mehr Selbstbewusstsein: Selbsterkenntnis und Akzeptanz

Wie schon gesagt beeinflusst Ihr Erfolg Ihr Selbstbewusstsein, aber andersherum beeinflusst Ihr Selbstbewusstsein auch den Erfolg – kurzum - die Qualität ihres Lebens. Deshalb lohnt es sich, kontinuierlich daran zu arbeiten. Abgesehen von den frühen Erfahrungen unserer Kindheit ist es im Erwachsenenalter unsere eigene Aufgabe, uns Wert zuzuschreiben. Auch diesen Wert, den wir uns selbst geben, kann man wie einen Katalysator verstehen. Damit Sie sich selbst einen gewissen Wert geben können, brauchen Sie zuerst einmal entweder Erfolg, der Ihnen zeigt, dass Sie sich auf Ihre Ziele hinbewegen, oder Sie müssen zuerst lernen, sich selbst zu lieben und zu akzeptieren, so wie Sie sind. Erst in einem nächsten Schritt, nachdem Sie erkannt haben, wer Sie sind oder noch werden wollen, was Ihre Überzeugungen sind und wovon Sie träumen, können Sie auch für das Eintreten, was Sie sind. Erst dann, wenn Sie für das Eintreten, was Sie sind, und sich somit auch Ihrer Umwelt ungeschönt präsentieren, haben

Ihre Familie, Ihre Freunde und Bekannte auch die Möglichkeit, Ihnen einen gewissen Wert zuzuschreiben. Eine Grundvoraussetzung für Selbstbewusstsein ist also die Entwicklung oder das Erkennen Ihrer unverwechselbaren Identität.

Hier ist auch der Punkt, an dem Sie Ihre Ängste und Zweifel abbauen sollten, damit andere Sie erkennen, wie Sie sind und Ihnen dann einen echten und ehrlich gemeinten Wert zuschreiben können. Es kann zwar ein schwieriger und schmerzhafter Prozess sein, den anderen unser wahres Gesicht zu zeigen und uns nicht weiter für die Gesellschaft zu verbiegen, aber ich vergewissere Ihnen, die Belohnung, die Sie danach für Ihren Mut bekommen, und die Freude darüber, dass andere Sie endlich so erkennen, wie Sie sind, wird umso größer sein. Wagen Sie also diese ersten Schritte der Selbsterkenntnis und Selbstakzeptanz und treten Sie fortan für das ein, was Sie sind.

Selbstbewusstsein hat zwar viel mit dem Wert zu tun, den Sie sich selber zuschreiben, aber den Einfluss anderer – nicht nur in Ihrer Kindheit, sondern fortwährend - sollten Sie dabei nicht unterschätzen. Selbst wenn Sie sich selbst akzeptiert haben, können andere Menschen mit negativem Einfluss und Ignoranz Ihr erst neu aufgebautes Selbstbewusstsein wieder völlig zerstören.

Entwickeln Sie deshalb ein Feingefühl dafür, welche Menschen gut sind für Ihr Selbstwertgefühl und welche Ihnen schaden. Entfernen Sie sich von Menschen, die Ihnen schaden, die Sie destruktiv kritisieren, anstatt Ihnen konstruktive Vorschläge zu machen, wie Sie an sich arbeiten können. Verbringen Sie so wenig Zeit wie möglich mit solch giftigen Menschen und mehr Zeit mit denen, die Ihnen Energie geben und Sie bewundern für das, was Sie sind – und was Sie noch werden können und wollen.

Hier kommt auch wieder das Wechselspiel zwischen dem Ich und der Umwelt – den Mitmenschen - ins Spiel: Genauso wie Sie positives und konstruktives Feedback verdienen und es Ihnen guttut, so sollten Sie auch nicht davor zurückscheuen, anderen Menschen ehrliche Komplimente zu machen. Sie können damit in einer Gruppe ein konstruktives Klima schaffen, gemeinsam lernen und Ihr Selbstbewusstsein stärken. Selbstbewusstsein hat also auch viel mit Fairness, Liebe und positiver Einstellung zum Leben und zu den Anderen zu tun.

Die Gruppendynamik und der starke Einfluss von Kritik oder Lob auf unsere Grundstimmung und unser Selbstwertgefühl deutet auf ein wichtiges Element bei der Bildung unseres Selbstbewusstseins hin: Unsere Gedanken. Wir müssen uns mit unseren Gedanken genauso befassen und eine positive Denkkultur pflegen, wie wir beispielsweise unseren Körper pflegen. Kümmern Sie sich also um die Reinheit Ihrer Gedanken. Ähnlich wie bei Mitmenschen, die positiv oder negativ auf sie einwirken können, können positive oder negative Gedanken entweder viel Gutes oder viel Schaden bei Ihnen anrichten. Sie sollten deshalb versuchen, unwahre Gedanken zu identifizieren. Mit unwahr meine ich schädliche Gedanken, die uns von außen suggeriert werden, die wir verinnerlichen und von denen wir anschließend überzeugt sind. Egal wer Ihnen jemals was über Sie selbst, Ihr Leben oder Ihren Wert erzählt hat, vergessen Sie alles und fangen Sie von Null an. Realisieren sie, dass Sie ein Wunderwerk sind - ein Universum aus Energien, die unter Ihrem Kommando stehen. Ihre Gefühle, Ihre Gedanken, Ihr Körper und Ihre Seele sind dazu da, Ihr Leben und das Leben der Anderen gut und glücklich zu gestalten. Glück und Liebe sind einige der wertvollen Dinge, die sich vermehren, wenn Sie sie teilen!

Praxistipps: Üben Sie das selbstbewusste Sein

In der Fülle von Ratgebern und unterschiedlichen Techniken, zu mehr Selbstbewusstsein zu gelangen, kann man sich beizeiten so verlieren und verloren vorkommen, dass dieses wiederum unserem Selbstbewusstsein schadet. In diesem Kapitel präsentiere ich Ihnen deshalb nicht *meine* Wundermethode, sondern viele kleine einzelne Tipps und Techniken, mit denen Sie ganz konkret am Aufbau Ihres Selbstbewusstseins arbeiten können. Es mag sein, dass nicht jede Methode für Sie die richtige ist. Ich möchte Sie deshalb dazu anhalten, sich die Dinge, die für Sie intuitiv richtig und zugänglich sind, herauszupicken und damit anzufangen!

Es gibt wichtige und elementare Dinge, die wir kontinuierlich und ein Leben lang üben müssen, um zu mehr Selbstbewusstsein zu gelangen und uns von unseren Ängsten und Selbstzweifeln zu befreien. Dazu gehören das bewusste Leben; die Kunst, sich selbst zu akzeptieren und anzunehmen; die Übernahme von Verantwortung für sich selber; das damit in Zusammenhang stehende selbstbestimmte Handeln und die Wahrung der persönlichen Integrität. All das – also kurzum die Kunst, ein erfülltes Leben zu führen - stärkt unser Selbstbewusstsein.

Üben Sie bewusstes leben, um selbstbewusst zu werden

Es gibt einen Zusammenhang zwischen einem bewussten Leben und dem Maß an Verantwortung, das Menschen in ihrem Leben übernehmen. Sie sollten deshalb nicht davor zurückscheuen, Verantwortung für Ihre Entscheidungen und Ihr Handeln zu übernehmen. Das macht Sie automatisch zu einem bewusster lebenden Menschen. Sie setzen sich nicht einfach nur den Umständen aus und lassen sich gehen und geben anschließend allen anderen die Schuld für Ihre Situation, sondern Sie riskieren, dass Sie sich auch irren können, Fehler machen können, Rückschläge erleiden – aber Sie kämpfen. Vor allem die Erfolge, die sie genauso wie die Niederlagen haben werden, werden automatisch dazu beitragen, Ihr Selbstbewusstsein zu steigern. Dadurch, dass Sie (selbst)bewusst Verantwortung übernehmen, werden Sie auch ganz anders (selbst)bewusst schöne Dinge wie Glück und Dankbarkeit erleben. Sie werden zu einem *bewusst und selbstbewusst* lebenden Menschen.

Üben sie Selbst-Akzeptanz und arbeiten Sie an sich!

Wie ich eingangs schon angesprochen habe, ist eine weitere wichtige Voraussetzung für Selbstbewusstsein und Selbstwertgefühl die Selbstakzeptanz und die Annahme bestimmter Dinge, denen gegenüber wir machtlos sind: Es gibt Dinge im Leben, die können wir beeinflussen, und solche, die entziehen sich unserer Gestaltungsmöglichkeiten. Außer wir unterziehen uns einer Nasen-OP oder anderen Schönheitsoperationen, können wir zum Beispiel nicht viel an unserem grundlegenden Aussehen ändern. Wenn wir uns aber ständig mit anderen vergleichen in der Art von „Warum hat Eva so schöne Haare, gerade Zähne...so viel mehr Bewunderer“ und „Warum ist Peter 1,80 groß und ich nur 1,75?“, werden wir unglücklich und unser Selbstwertgefühl und damit auch Selbstbewusstsein wird kontinuierlich in den Keller gehen. Solche und ähnliche Dinge, die wir nicht beeinflussen können, müssen wir erst einmal so hinnehmen, ohne diejenigen, die in der Sache mehr Glück hatten, dann auch noch zu beneiden. Manche Leute sind der Meinung, dass die

Akzeptanz ihres Selbst und die Verbesserung ihres Selbst Gegensätze sind. Das ist aber nicht der Fall. Erst nachdem wir unsere eigenen Mängel akzeptiert und angenommen haben, können wir die nächsten Schritte zu ihrer Verbesserung und der kontinuierlichen Arbeit an uns selbst tun.

Mein Tipp ist deshalb, nehmen sie zuerst die grundlegenden Dinge an, die sie nicht ändern können und die sich ihrer Macht und Ihrem Einfluss entziehen. Fangen sie danach an, an dem zu arbeiten, was Sie wirklich ändern können. Die Fortschritte, die sie dabei erzielen, werden Ihr Selbstbewusstsein steigern und vielleicht sogar alles Grundlegende, was Sie nicht ändern können, unwichtig erscheinen lassen.

Viele Menschen haben ein eher negatives Selbstbild; die Mehrheit der Menschen sieht sich als kleines Licht, das nichts ausrichten kann. Fühlen Sie sich auch den Umständen ausgeliefert? Von Freunden, Familie und Chef herumgeschubst? Als erstes ist es sehr wichtig, dass Sie sich selbst so lieben und akzeptieren, wie Sie sind. So wechseln Sie in den konstruktiven Modus und haben ein Fundament für den weiteren Aufbau von Selbstbewusstsein. Wer sich selbst ablehnt, versperrt sich den Weg zur Weiterentwicklung. Seien Sie dankbar für alles, was Sie bereits erreicht haben.

Üben Sie Selbstbestimmtheit und Treue zu sich selbst

Selbstbestimmt zu sein und zu handeln bedeutet, dass Sie sich selbst treu bleiben und bestimmt für Ihre Überzeugungen eintreten, selbst wenn eine (große) Gruppe von Menschen Ihrer Überzeugung entgegensteht. Dieser Punkt hat viel mit der von mir bereits angesprochenen Selbstakzeptanz zu tun. Er ist sozusagen der darauffolgende Schritt. Wenn Sie Ihre Meinung, Ihre Haltung zu Dingen und Ihre Handlungen so wechseln wie ein Chamäleon, je nachdem in welcher Gruppe von Menschen oder Umgebung Sie sich gerade befinden, werden Sie nichts anderes sein als ein Blatt im Wind, das dahingeht, wohin der Wind es trägt. Dies zeugt von einem schwachen Charakter und einem fast nicht vorhandenen Selbstbewusstsein und Selbstwertgefühl. Wenn Ihnen die Dinge, für die Sie stehen (wollen), tatsächlich etwas wert sind, dann werden Sie auch dafür eintreten. Die müssen Sie dann auch gegen Widerstände und unabhängig von Ihrem Umfeld tun. Andere Menschen werden Sie dadurch als echten und starken Charakter wahrnehmen und Ihnen mit Respekt und Achtung entgegentreten. Diese Wahrnehmung wiederum werden Menschen Ihnen kommunizieren und das wird sich auf Ihr Selbstbewusstsein wie ein weiterer Katalysator auswirken! Deshalb scheuen Sie sich nicht vor der Auseinandersetzung, wenn Sie für Ihre Überzeugungen eintreten. Scheuen Sie sich auch nicht davor, einmal nicht Teil der Gruppe zu sein, sondern außen zu stehen. In solchen Situationen sollten Sie sich stark fühlen und sich für das bewundern, was Sie tun. Solange sie Ihren inneren Überzeugungen folgen, sind Sie auf dem richtigen Weg zu noch mehr Selbstbewusstsein!

Üben Sie die Übernahme von Selbst-Verantwortung bei kleinen und großen Entscheidungen!

Ich kenne niemanden, der sich lieber in der Opferrolle sieht und anderen Dingen oder Menschen die Verantwortung für alles, was in seinem Leben schiefläuft gibt, der selbstbewusst ist. Sie müssen aus der Opferrolle und Passivität herauskommen. Sie übernehmen die volle Verantwortung für Ihr Leben. Sie werden sehen, dass mit dem Maß an Verantwortung, dass sie übernehmen, auch Ihr Selbstbewusstsein wachsen wird. Damit Sie aber Verantwortung übernehmen können, müssen Sie erst einmal Ihre Ängste und Zweifel beseitigen oder so gut wie möglich bei Seite legen. Sie müssen an sich und Ihre Fähigkeiten glauben und diese auch einsetzen. Stellen sie sich den Herausforderungen in Ihrem Leben. Sie sollten darauf achten, dass jede Entscheidung zur Steigerung Ihres Selbstwertgefühls – oder zumindest nicht zu dessen Verringerung - beiträgt. Wir alle treffen tagtäglich Hunderte von großen und kleinen Entscheidungen. Leider tragen bei den meisten von uns diese Entscheidungen dazu bei, unser

Selbstbewusstsein und Selbstwertgefühl zu verringern. Ein Beispiel ist Folgendes: Jemand will abnehmen und muss sich bei seinem Essen entscheiden zwischen einem Salat und einer fetten Currywurst mit Pommes. Der Salat wäre das Vernünftigste und entspricht dem höheren Ziel der Person (also dem Ziel „Gewichtsabnahme“ bzw. „gesund leben“). Auf der anderen Seite suggeriert ihm aber sein Affektgehirn, dass er auf die Currywurst gerade viel mehr Hunger hat als auf den Salat und damit viel glücklicher wäre.

Wenn man immer wieder etwas macht, bei dem man ständig versagt, dann sinkt das Selbstwertgefühl stetig und Stück für Stück. Man befindet sich dann in einer Abwärtsspirale, die sich immer weiterzieht. Umgekehrt wächst das Selbstbewusstsein aber auch mit jedem Mal, in dem wir eine gute Entscheidung treffen. Wir können und sollten dann in dem Fall auch das *stolz sein* üben. Stolz sein fängt bei kleinen, unscheinbaren Entscheidungen an. Damit trägt dann aber auch jede Entscheidung zur Steigerung des Selbstbewusstseins bei.

Selbstbewusstsein ist ein *Kunst*stück!

Wie oft haben Sie in Interviews wichtiger oder prominenter Persönlichkeiten schon einmal gehört, dass die Musik diesem Menschen im entscheidenden Moment geholfen hat? Wenn unsere Familie, Freunde oder Kollegen nicht mehr das leisten können, was wir zum Aufbau und zur „Pflege“ unseres Selbstbewusstseins dringend benötigen, nämlich Bestätigung, auf die ich in den vorherigen Kapiteln dieses Buches schon eingegangen bin, dann können wir diese zumindest immer noch – und vielleicht auch noch viel stärker als überall anders - in unserer Lieblingsmusik finden.

Ähnlich wie mit der Musik ist es auch mit der Literatur. Bestätigung können wir uns nicht nur über unsere eigenen Gedanken, Mitmenschen oder von der Gesellschaft holen, sondern auch mental dadurch, dass wir uns mit einem Allgemein-, Kultur- oder Gedankengut auseinandersetzen, bei dem wir die Chance haben, im Zwiegespräch mit dem Geschriebenen unsere eigenen Gedanken zu entwickeln, zu widersprechen oder zuzustimmen. Auch dadurch gewinnen wir Selbstbewusstsein. Ein weiterer positiver Nebeneffekt ist, dass Sie als belesener Mensch auch automatisch ein höheres Selbstbewusstsein aufbauen werden, als Sie dies ohne tun könnten. In diesem Falle kommt Selbstbewusstsein und Selbstwertgefühl von *Wissen*.

Ihr Körper als die Wunderwaffe für mehr Selbstbewusstsein

Dass Sport gut für das Selbstbewusstsein ist, ist allgemein bekannt. Hier müssen Sie einfach darauf achten, dass es nicht nur bei Lippenbekenntnissen Ihrerseits bleibt. Beim Sport produziert der Körper wichtige Hormone, die unsere Laune heben und uns gesund halten. Sport bietet die Möglichkeit, immer wieder viele kleine Erfolgserlebnisse zu haben, die unserem Selbstbewusstsein und Selbstwertgefühl buchstäblich helfen, auf die Beine zu kommen.

Ähnlich wie der Sport, so bieten auch Meditations-, Auto-Suggestions und Hypnosetechniken gute Möglichkeiten, unsere von jetzt an selbstbewusstere Lebensweise in unserem Alltag – und vor allem in unserem Bewusstsein - zu verankern. Ursachen für fehlendes Selbstbewusstsein und Unsicherheit werden uns dadurch bewusster. Ebenso wie es in Ihnen Denk- und Verinnerlichungsprozesse in Gang setzen wird, dieses Buch zu lesen, können solche Techniken, die das Unterbewusste noch stärker ansprechen, eine wertvolle Hilfe dabei sein, mehr Selbstbewusstsein zu entwickeln.

Abgesehen von diese eher bekannten Strategien, unser Selbstbewusstsein aufzubauen, kann unser Körper uns aber auch noch ganz anders dabei helfen, selbstbewusst aufzutreten. Letztendlich ist es nicht nur unsere Psyche und innere Einstellung, die wir richtig programmieren müssen, sondern auch unseren Körper. Ich werde Ihnen dieses an den folgenden Beispielen erklären: Wenn wir gute Laune haben, dann lachen wir. Wenn wir richtig lachen, dann meist über beide Ohren - so, dass die Augen „mitlachen“. Von der umgekehrten Version als einer Technik, um die Laune aufzuhellen, haben Sie vielleicht auch schon gehört: Selbst, wenn wir schlecht gelaunt sind, und uns dann zwingen, „über beide Ohren“ zu lachen, stellt sich nach einigen Minuten eine Besserung der Laune ein. Dieser Effekt wurde wissenschaftlich erwiesen. Mindestens genauso faszinierend funktioniert derselbe Effekt in Bezug auf Körperhaltungen, die als ganz natürlicher Nebeneffekt von starkem Selbstbewusstsein auftreten. Die Körperhaltung, die Dominanz und Selbstbewusstsein demonstriert, kennen wir nicht nur von uns selbst, sondern vor allem auch aus der Tierwelt: Es geht darum, Raum einzunehmen. In einer Körperhaltung des Erfolgs, der „Victory-Pose“ strecken Menschen Ihre Arme meist nach oben aus oder schlagen sie hinter dem Rücken zusammen. Erfolgreiche Menschen fühlen sich gut und sind offen für andere – und das zeigen sie auch. Oft sieht das Bild dann aus wie folgt: Im Stehen breitbeinig, die Hände angewinkelt und fest in den Hüften und dadurch die Arme vom Körper abstehend. Auch für das Sitzen gibt es ähnliche, Ihnen sicher bekannte, Raum einnehmende Haltungen: Die Arme weit vom Körper weg, lässig mit der Hand am Spreadsheet, an der Tafel oder auf dem Tisch. In Tests hat sich erwiesen, dass nicht nur Menschen mit einem großen Selbstbewusstsein auf ganz natürliche Weise diese Haltungen einnehmen, sondern auch, dass diese Haltungen die Geisteshaltung dieser Menschen beeinflusst. Das bedeutet, dass selbst wenn Sie ein relativ geringes Selbstbewusstsein haben, Sie dieses erhöhen können, indem Sie sich bewusst körperlich in eine Position begeben, die von selbstbewussten Menschen eingenommen wird. Nach einigen Minuten sollte sich dann der Effekt einstellen.

Viele Prominente oder andere Persönlichkeiten wenden diese Technik bewusst oder unbewusst vor öffentlichen Auftritten an. Öffentliche Auftritte sind eine der stressreichsten Situationen, in denen das Selbstbewusstsein richtig gefragt ist und gefordert wird. Intuitiv oder erlernt gehen die Profis in diesen Situationen auf und ab, strecken sich, holen mit den Armen aus und nehmen auf unterschiedlichste Weise so viel Raum ein, wie möglich. Der Körper wird so gelockert und kommt in einen selbstbewussteren und dominanteren Modus. Menschen mit geringem Selbstbewusstsein hingegen machen sich kleiner und nehmen weniger Raum ein – auch um bei niemandem anzustoßen. Durch die physiologische Sensibilität, die Sie entwickeln können, werden Sie sich kraftvoller Fühlen.

Selbstbewusstsein, nicht Selbstsucht

Einen wichtigen Rat möchte ich Ihnen noch mit auf den Weg geben: Sie sollten Selbstbewusstsein nicht mit Geltungsdrang oder Selbstsucht verwechseln. Menschen, die sich selbst ständig in den Mittelpunkt drängen und andere dabei missachten, sind eine Plage für die Gesellschaft. Selbstbewusstsein – richtig gelebt und aufgebaut – wird nicht nur Sie, sondern Ihr gesamtes Umfeld, Ihre Familie, Ihre Freunde und Kollegen zu glücklicheren Menschen machen. Nur wenn Sie ein konstruktiver Mensch sind, der kontinuierlich an sich selbst arbeitet, um sein Leben erfüllter zu machen, sind Sie auch in der Lage, anderen zu helfen.

Die Fundamente des Glücks

Bevor ich darauf eingehen möchte, woraus die Kunst, jeden Tag glücklich und weitgehend befreit von negativen Gedanken zu sein, besteht, möchte ich auf einige Grundvoraussetzungen in unserem Wesen hinweisen, von denen uns die Wissenschaft sagt, dass sie bei uns allen gleich sind und wichtige Ausgangspunkte dafür, was wir sind und wie wir „ticken". Die Forschungsergebnisse von Neurobiologen, Hirnforschern, Verhaltensforschern, Psychologen und Soziologen geben uns wertvolle Hinweise und wohltuende Bestätigung für Dinge und Zusammenhänge, die wir eigentlich in unserem tiefsten Innern schon erahnen.

Der Hirnforscher Gerald Hüther hat beispielsweise das, wonach wir in unserem Leben streben, in einem Vortrag einmal wie folgt erklärt: „Im Mutterleib machen wir zwei fundamentale Erfahrungen, nach denen wir in unserem späteren Leben auch immer wieder streben: Wir wachsen und wir sind verbunden." Meistens ist es in unserem späteren Leben, nachdem wir von der Mutter getrennt und erwachsen sind, nie wieder so wie am Anfang unseres Lebens. Das ist ja auch rein physisch nicht möglich und auch nicht wünschenswert, denn spätestens seit unserer Geburt sind wir eigene Persönlichkeiten. Wir werden als diese jedoch durch eine teilweise schwierige Erziehung und fehlerhaft programmierte Kultur beständig entfremdet von unserem ureigenen Streben nach Verbundenheit mit unseren Mitmenschen und unserem Willen, zu wachsen und uns weiterzuentwickeln. Als Kinder haben wir dieses Streben noch ganz deutlich nach außen getragen und sind mit einer schier endlosen Neugier, Experimentierfreudigkeit und Begeisterung auf die Welt um uns herum losgegangen. Wir ahnten nicht, dass uns schon bald von unserer elterlichen Erziehung, der Schule und später der ganzen Gesellschaft ein Strich durch die Rechnung gemacht werden würde. Die Hirnforschung hat gezeigt, wie positiv sich die Fähigkeiten zur Begeisterung und unsere Leidenschaft für die unterschiedlichsten Dinge auf unser Gehirn und damit auch auf unser Gemüt auswirken.

Wir sollten deshalb die Stimme in unserem Innern nie zu kurz kommen lassen und uns nicht entmutigen lassen von alltäglichen, beruflichen oder gesellschaftlichen Erfordernissen. Wir sollten für etwas leben, für das wir auch bereit wären, zu sterben. Erst dann werden wir uns wirklich lebendig fühlen und damit auch glücklich. Ich kann gut verstehen, dass dies für manch einen wie unrealistische Zukunftsmusik oder ein unrealistischer Traum klingen mag. An dessen Verwirklichung können wir nicht glauben, weil vielleicht die tägliche Verantwortung uns dazu zwingt, ganz andere Dinge zu tun als die, die uns begeistern.

Sie sollten nun aber nicht in Panik ausbrechen, weil es Ihnen aus solchen oder ähnlichen Gründen nicht sofort möglich ist, Ihr Leben näher an Ihrer Begeisterung und Ihren Leidenschaften zu orientieren und damit jeden Tag ein Stückchen glücklicher zu werden. Hier kommt auch wieder die Kunst des positiven Denkens oder, besser gesagt, einer positiven Grundeinstellung ins Spiel. Sie werden trotz aller Verpflichtungen die Möglichkeit haben, an sich zu arbeiten, indem Sie Acht geben auf ihre alltäglichen Gedanken und Ihr alltägliches Handeln in Situationen, die Sie ohnehin durchleben.

Vom Ziel ausgehend denken

Bevor ich auf die ganz konkreten Möglichkeiten, ihr Denken und Handeln positiv zu beeinflussen, eingehe, möchte ich einen wichtigen Punkt ansprechen, den Sie bei der Gestaltung ihres Alltags und bei der Antwort auf die Frage danach, wer Sie sein wollen, stets beachten sollten: Sie sollten Ihr Leben einmal „vom Ziel ausgehend“ denken. Das bedeutet, Sie sollten sich vorstellen, am Ende Ihres Lebens angekommen zu sein und auf alles zurückzublicken, was Sie erlebt und gelebt haben. Sind Sie zufrieden mit dem, was Sie sehen? Fragen Sie sich, welcher Anblick Sie zufriedenstellen würde. Welches Sind Ihre Prioritäten? Wie möchten Sie, dass andere Menschen Sie und Ihr Lebenswerk sehen? Ihr Leben ist die Summe Ihres Handelns – tagein und tagaus. Das, mit dem Sie sich täglich beschäftigen, summiert sich am Ende zu Ihrem persönlichen Lebensweg. Wenn Sie über Monate und Jahre täglich einige Stunden Gitarre üben und spielen, werden Sie Musiker. Wenn Sie malen, werden Sie Maler. Tun Sie nichts als Fernsehen oder andere passive Daseinsformen, dann wird es schwer werden, andere Menschen davon zu überzeugen, dass Sie eigentlich Künstler oder etwas Anderes sind, aber im Moment gerade nicht dazu kommen. Fragen Sie sich also bei allem, was Sie tun, ob es tatsächlich etwas ist, das der Erreichung der großen Ziele in Ihrem Leben zuträglich ist. Wenn es das nicht ist, sollten Sie diese Beschäftigungen einschränken und ändern.

Dos and Don'ts

Das menschliche Gehirn und unser Geist sind im Grunde so konzipiert, dass wir positive Botschaften besser verarbeiten und verstehen als negative. Auch sprachlich verarbeitet das Gehirn Verneinungen schlechter als schlicht positiv formulierte Aussagen. Ich sehe das wiederum als einen Hinweis darauf, wie wir bis in unsere feinsten Elementarteile eigentlich darauf gepolt sind, positiv, lebensbejahend und glücklich zu sein. Im Folgenden werde ich trotzdem auf einige Verbote bzw. Dinge eingehen, die wir eher nicht tun oder denken sollten, weil sie wie Gift für ein glückliches Dasein sind. Mindestens genauso wichtig sind aber die Dinge, die wir nicht vernachlässigen und aktiv tun oder denken sollten. Der folgende Abschnitt ist deshalb entsprechend in „Do s“ (Dinge, die Sie in ihr Leben bringen sollten) und „Dont‘s“ (Dinge, die Sie sich abgewöhnen sollten) unterteilt.

Traum und Realität

Träumen Sie, aber lernen Sie auch, mit den kleinen Dingen des Lebens glücklich zu sein: Ich möchte hier auf zwei wichtige und fast entgegengesetzte Elemente der Kunst eines glücklichen Lebens eingehen: Dankbarkeit und freudige Erwartung. Ersteres ist die Dankbarkeit für die Dinge, die wir bereits besitzen - und seien Sie auch noch so klein. Zweiteres ist die freudige Erwartung, die wir empfinden können, wenn wir mit Hoffnung und Zuversicht in die Zukunft blicken, wenn wir gespannt sind auf alles, was das Leben uns noch lehren kann und was wir noch lernen werden.

Insbesondere die freudige Erwartung, in der sich einige von uns oft ganz natürlicherweise befinden und die andere vielleicht erst noch lernen müssen, hängt eng zusammen mit unserem Fortschrittswillen und –glauben und letztendlich mit dem eingangs schon besprochenen menschlichen Bedürfnis, zu wachsen. Wir alle verhalten uns da eigentlich gleich: Wir wollen immer mehr und mehr von allem, ohne dass wir mal eine Sekunde stillhalten und uns Zeit nehmen, um zu realisieren, was wir eigentlich alles schon besitzen, erfahren, gelernt oder erreicht haben und was zum Beispiel anderen Leuten, die weniger Glück haben, fehlt. Als Menschen sind wir nie mit allem - so wie es ist - zufrieden und auch nie am Ziel angekommen. Das ist auch gut so, denn ein Stück weit ist diese Unzufriedenheit und das damit verbundene, bereits erwähnte, Verlangen danach, wachsen zu wollen, der wichtigste Motor des Fortschritts. Dies gilt für die gesamte Menschheit ebenso wie für jeden Einzelnen von uns. Sie sollten sich deshalb nicht mit Ihren Träumen und Erwartungen zurücknehmen und Sie müssen auch nicht, nur, weil Sie aufgewacht sind, aufhören zu träumen. Allerdings sollten Sie Ihre Träume und Wünsche nicht kombinieren mit einer Grund-Unzufriedenheit und dem Grübeln darüber, warum andere immer mehr haben. Sie sollten sie eher kultivieren und kombinieren mit einer gewissen Dankbarkeit für das, was Ihnen bereits zuteil ist. Fokussieren Sie sich zum Beispiel besser auf das, was Sie im Vergleich zu anderen Leuten haben, anstatt dass sie sich darauf fixieren, was Ihnen im Vergleich zu anderen alles noch fehlt. Den Vergleich an sich betrachte ich aber auch grundsätzlich als überflüssig. Versuchen Sie lieber, an sich selbst zu wachsen. Machen Sie sich klar, dass es das

Gesündeste ist, in Konkurrenz mit sich selbst zu stehen, anstatt in Konkurrenz zu anderen.

In der „Desiderata“, einem Text, der auch als Lebensweisheit und Anleitung zum Glücklich sein in der Alten St. Pauls Kirche von Baltimore zu finden ist, hat Max Ehrmann das wie folgt ausgedrückt: „Wenn Du Dich mit anderen vergleichst, könntest Du Dir nichtig vorkommen, denn immer wird es jemanden geben, größer oder geringer als Du. Deshalb freue Dich Deiner eigenen Leistungen wie auch Deiner Pläne. Bleibe weiter an Deiner eigenen Laufbahn interessiert, wie bescheiden auch immer. Sie ist ein echter Besitz im wechselnden Glück der Zeiten.“ Wenn Sie sich im Gegensatz dazu immer als denjenigen betrachten, der im Vergleich mit anderen den Kürzeren zieht, werden Sie nie einen einzigen glücklichen Tag verbringen. Es wird immer so scheinen, als ob andere Leute auf der sonnigeren Seite des Lebens sind. Negative Gefühle und Gedanken wie Neid, Missgunst und Hass nehmen dann überhand und schaden uns selbst und unserer Umwelt. Deshalb lernen Sie vor allem wertzuschätzen, was Ihnen geschenkt wurde und was Sie bereits besitzen. Leben Sie Ihr eigenes Leben in Ihrer eigenen Realität, ohne sich großartig mit dem Glück, Tun und Sein anderer zu beschäftigen. Freuen Sie sich über ihre eigenen Erfolge und ärgern Sie sich nicht über die der anderen. Das Leben ist kein Nullsummenspiel. Nur weil ein anderer mehr hat, fehlt Ihnen nicht etwas und wenn andere weniger haben, bekommen Sie nicht ausnahmsweise mehr. Konzentrieren Sie sich also auf Ihre eigene Situation und ihr Leben und versuchen Sie, in Dankbarkeit für Ihr Leben an sich selbst zu wachsen.

Bodenständige Zuversicht

Blicken Sie mit Zuversicht in die Zukunft - aber bleiben Sie bodenständig: Ähnlich wie die Kunst, sich auch über die kleinen Dinge des Lebens zu freuen und Energie daraus zu ziehen, hilft es, bei einem gesunden Maß an Träumerei und Visionen mit Blick auf die Zukunft auch bodenständig zu bleiben, wenn es nötig ist. Nötig ist die Bodenständigkeit vor allem in der Gegenwart. Die Situation, in der wir uns gerade befinden, sollten wir realistisch und ungeschönt betrachten, um dann das Beste aus ihr zu machen. Es gibt diesbezüglich eine einfache Gleichung für das gegenwärtige Glück: Glücklich sein können wir, wenn wir die Realität letztendlich versuchen so zu sehen, wie sie ist, und unsere Erwartungen daran (und an die Menschen um uns herum) – zumindest für den Moment - herunterfahren. Glücklich zu sein in der Realität bedeutet technisch, dass wir umso glücklicher sein können, je niedriger unsere aktuellen Erwartungen sind. Vor allem von anderen Menschen sollten wir nicht erwarten, dass sie die Dinge des Alltags so tun, uns so behandeln oder Probleme so lösen, wie wir es tun würden. Nicht alles wird sich immer so entwickeln, wie wir wollen. Nicht alles wird im Einklang mit unseren Vorstellungen sein. Die Menschen um uns herum werden uns mit ihrem Verhalten manchmal glücklich und manchmal unglücklich machen. Wir sollten uns also von dem Wunschdenken, die Dinge unter Kontrolle zu haben oder unsere Mitmenschen verändern zu können, verabschieden. Ein Beispiel für diese realistische Einstellung und Strategie, um auch im Alltag glücklicher zu sein, wäre, dass jemand, der bisher beim Poker immer gewonnen hat, nicht davon ausgeht, dass dies immer so weitergeht. Nur weil wir momentan der oder die Klassenbeste sind, bedeutet das nicht, dass wir es weiterhin sein werden. Wir können zwar davon träumen und auch darüber wieder in freudiger Erwartung ein Stück glücklicher sein, aber in der Realität muss dafür letztendlich etwas getan werden. Alles ist im Fluss und dagegen können wir manchmal nicht viel machen. Das Schicksal hat manchmal seine ganz eigenen Wege und Methoden, uns spüren zu lassen, dass nicht immer alles so laufen wird wie bisher oder wie wir es uns wünschen. Wir werden aber glücklicher, wenn wir das erst einmal annehmen und dann auf dieser Basis versuchen, das Beste daraus zu machen. Das

Stichwort Schicksal bringt uns nun auf den nächsten wichtigen Punkt, den wir erfüllen müssen, um mit uns dauerhaft glücklich und zufrieden zu sein: Das Wieder-Aufstehen.

Wieder Aufstehen

„Steh auf, wenn Du am Boden liegst“: Das Leben drückt uns manchmal nieder. Die meisten von uns stehen aber trotzdem immer wieder auf. Wir sind Kämpfer. Das ist es auch, was letztendlich zählt: Ausdauer. Am Ende entscheidet meistens die Ausdauer über den Erfolg eines Vorhabens. Zahlreiche Studien haben dies herausgefunden und erfolgreiche Menschen leben es uns immer wieder vor. Es geht im Leben nicht darum, am laufenden Band Erfolge zu feiern. Es ist ein ständiges Auf und Ab. Lassen Sie sich deshalb von Schicksalsschlägen und Misserfolgen nicht zu sehr entmutigen und machen Sie einfach weiter. Wenn wir die Wichtigkeit der Ausdauer verstanden haben und für unser Durchhaltevermögen sorgen, dann haben wir eigentlich schon gewonnen und wachsen bis an unser Lebensende an unseren Herausforderungen. Dann haben wir allen Grund, auf uns stolz und uns selbst gegenüber positiv eingestellt zu sein. Sie sollten in diesem Zusammenhang üben, sich selbst mental zu loben für das, was sie alles schon aus- und durchgehalten haben. Wenn Sie sich selbst als starken und kämpferischen Charakter wahrnehmen, wird das Ihr Verhältnis zu sich selbst positiv beeinflussen. Das Wachsen an den Herausforderungen des Lebens wird in entscheidender Weise zu Ihrem langfristigen und auch täglichen Glück beitragen, denn wie Sie bereits wissen, ist das Wachsen - neben der Verbundenheit - eine von uns sogar schon vor unserer Geburt intensiv erlebte Urerfahrung. Auch der nächste Punkt hat mit Charakterstärke zu tun. Nur wenn wir stark sind, können wir auch anderen helfen. Das wiederum wirkt sich auf unser Selbstbewusstsein und letztendlich auch auf unser Glücksgefühl und unsere Zufriedenheit mit uns selbst aus.

Wir und das Leben der Anderen

Anderen Menschen zu helfen, Ihnen einen Gefallen zu tun oder Sie einfach irgendwie glücklich zu machen, kann uns starke Befriedigung und Glücksgefühle geben, insbesondere wenn diese Menschen Ihre Dankbarkeit uns gegenüber dann auch ausdrücken und uns bei Gelegenheit auch etwas davon zurückgeben. Die Anerkennung und der Dank anderer gibt uns die Möglichkeit, stolz auf uns zu sein und uns als ein netter, auch für andere wertvoller und dazugehöriger Mensch zu fühlen. Es erhöht unser Potential, uns positiv wahrzunehmen und damit auch positiv zu denken. In den meisten Fällen können wir erfreulicherweise dann auch damit rechnen, dass Menschen uns genauso einen Gefallen tun oder helfen und zwar meistens gerade dann, wenn wir diese Hilfe am dringendsten benötigen. Studien haben allerdings gezeigt, dass wir unsere Hilfsbereitschaft nicht übertreiben sollten. Auf keinen Fall sollten Sie ein Helfersyndrom oder einen Zwang ausbilden. In Studien wurde gezeigt, dass bei einem Maß von zwei Stunden intensiver Hilfe für andere das alte Sprichwort „Geben ist seliger denn nehmen" tatsächlich zutrifft. Alles, was darüber hinausgeht, geht aber schon wieder in die Richtung von Vernachlässigung des eigenen Ichs und wirkt sich dann langfristig eher negativ aus.

Sprechen Sie Ihre Wahrheit klar und deutlich und bleiben Sie fair und sachlich: Streit und Ärger mit unseren Mitmenschen verdirbt die Laune. Beide Seiten und Streithähne sind bei Konflikten verstimmt, und die Wahrscheinlichkeit, dass Sie an einem Tag, an dem Sie eine Auseinandersetzung mit jemandem hatten, wieder richtig gute Stimmung bekommen, ist sehr gering. Es ist also in Ordnung, manchmal die „klügere Zahnbürste zu sein“, also nachzugeben und im Zweifel sein Ego etwas zurückzunehmen, um sich den Frieden mit anderen und vor allem auch mit sich selbst nicht durch Probleme, die eigentlich keine sind, zu gefährden. Natürlich müssen Sie sich wehren, wenn der Streit und Ärger, den andere Ihnen machen, droht zum Dauerzustand zu werden. Allerdings sollten Sie Provokationen erst einmal sacken lassen und versuchen, einen kühlen Kopf zu behalten, um die Lage richtig einschätzen zu können und gute Entscheidungen zu fällen.

Auch abgesehen von Meinungsverschiedenheiten sollten

Sie Ihren Mitmenschen, welcher Couleur auch immer (ob Sie Ihnen nun unter- oder überlegen sind), mit Respekt begegnen und bemüht sein, freundliche Beziehungen zu allen zu pflegen. Es müssen nicht immer gleich die dicksten Freundschaften daraus werden, aber allein die freundliche Beziehung zu den anderen wird Ihnen eine positive Grundstimmung geben, die zu Ihrem Glück beiträgt. Versuchen Sie auch, über ihre Mitmenschen eher positiv als negativ zu denken. Damit schaffen Sie die Basis für einen respektvollen und liebevollen Austausch – und Sie werden sich wundern, wie viele es Ihnen mit „positiven Schwingungen" zurückgeben werden.

Wichtig ist dennoch, dass Sie sich nicht wegen der anderen aufgeben oder immer nur zurücknehmen sollten, nur um Frieden zu bewahren. Wenn Ihnen etwas nicht passt, achten Sie darauf, sachlich zu bleiben und äußern Sie dann Ihre Wahrheit ruhig und klar. Hören Sie den Menschen zu und versuchen Sie, sie zu verstehen. Erst wenn Sie merken, dass es nicht funktioniert, obwohl Sie sich korrekt verhalten haben, dann sollten Sie sich entfernen. Nur von aggressiven, rücksichtslosen, lauten und übermäßig negativen Menschen sollten Sie sich grundsätzlich fernhalten. In solcher

Gesellschaft ist es unmöglich, glücklich zu werden und positiv zu denken. Wenn Sie jemandem eine Weile zugehört haben und ihn vor allem auch beobachtet haben, wissen Sie intuitiv, ob dieser Mensch Ihnen guttut oder nicht.

Bodyguard - Wir und unser Körper

Kümmern Sie sich um Ihren Körper! Ein Tag, an dem Sie vor Positivität nur so strotzen, muss Bewegung und die Auseinandersetzung mit Ihrem Körper beinhalten - in der Form, dass Sie etwas für ihn tun. Er wird es Ihnen mit Energie und Gesundheit danken, die sich wiederum auf Ihre Gedanken positiv auswirken. Eine Studie der englischen Universität in Sussex hat gezeigt, dass allein schon 20 Minuten Bewegung an der frischen Luft die Laune erheblich heben. Noch effektiver und besser wird es, wenn Sie sich nicht nur an der frischen Luft bewegen, sondern richtig Sport treiben. Sport hat sogar das Potential, Depressionen entgegenzuwirken. Dies liegt daran, dass dabei automatisch Glückshormone vom Körper freigesetzt werden. Die positiven Gedanken und Gefühle kommen dann wie von ganz allein. Genauso verhält es sich mit Ihrer Ernährung. Eine gesunde und ausgeglichene Ernährung gibt sowohl Ihrem Körper als auch Ihrem Geist die Nährstoffe, die sie brauchen, um gut zu funktionieren. Informieren Sie sich, wie sich verschiedene Lebensmittel auf das Gemüt auswirken und versuchen Sie, dies in Ihrer Ernährung zu beachten. Neben Sport und Ernährung ist ein weiterer wichtiger Punkt in Bezug auf unseren Körper als Stimmungsaufheller die Ruhe, die wir ihm gönnen müssen. Es ist nicht nur ein lästiger Rat unserer Eltern oder eine langweilige Lebenseinstellung: Früh schlafen gehen fördert unsere Gesundheit und hebt unsere Laune. Das ist wissenschaftlich erwiesen und klinisch nachweisbar: Wenn Sie ausgeschlafen sind, sind sie nicht so anfällig für negative Gefühle, wie wenn Sie es nicht sind. Dies hängt auch damit zusammen, dass der Hippocampus, der für positive Gefühle und Einstellungen zuständig ist, bei zu wenig Schlaf in seiner Funktionsweise beeinträchtigt wird. Achten Sie also auf Ihre Gesundheit!

Wozu Sie - last but not least - Ihren Körper auch einsetzen sollten, ist das Lächeln. Selbst ein vorerst angestrengtes oder gekünsteltes Lächeln hebt unbewusst sofort unsere Laune. Die positiven Auswirkungen des Lächelns gehen laut neuester Studien sogar so weit, dass es das Immunsystem stärkt und hilft, Schmerzen zu beseitigen.

Ruminieren – das Wiederkäuen negativer Gedanken

Es gibt einige schädliche Gewohnheiten oder Einflüsse, die wir ablegen sollten oder zumindest sollten wir versuchen, uns so weit wie möglich von ihnen zu entfernen. Um glücklich durch jeden Tag und die Jahre - ja letztendlich unser ganzes Leben - zu kommen, sollten wir uns nicht nur den positiven Gedanken zuwenden, sondern auch von den negativen Gedanken abwenden.

Negative Gedanken sind zwar schädlich, aber es gibt etwas, das noch schädlicher ist als negative Gedanken und dessen wir uns bewusstwerden müssen: Das Wiederkäuen negativer Gedanken! Dieses ist mittlerweile als so krankmachend bekannt, dass es einen Fachbegriff dafür gibt, der aus der Biologie übernommen wurde: Rumination. Ruminieren Sie auf keinen Fall Ihr Leben! Den Begriff benutzen Psychologen für das menschliche Grübeln über Unglück, Pech oder Missgeschicke. Menschen, die „ruminieren", rufen Situationen aus Ihrer Vergangenheit, in denen Dinge schiefgelaufen sind, mehrfach wach und brüten darüber. Eine weitere Form des Ruminierens ist das

Brüten über die eigenen Schwächen. Im Gegensatz zu Kühen, die dadurch satt werden, werden wir dadurch geschwächt, traurig und sogar krank. Sie sollten also genau darauf achten, dass sie negative Gedanken nicht zu oft Wiederkäuen und sich im Gegenteil eher auf das Wiederkäuen Ihrer positiven Erwartungen, Träume und Gefühle konzentrieren. In wissenschaftlichen Studien wurde erwiesen, dass die Fokussierung und das Wiederholen negativer Denkmuster und Gedanken Gedächtnisprobleme und andere psychosomatische Erkrankungen hervorruft. Dazu gehören auch Depressionen, das posttraumatische Stresssyndrom (PTSD) und die Angststörung. Dies liegt daran, dass sich negative Denkweisen, die wir kontinuierlich kultivieren, verfestigen können und damit zur Gewohnheit und schließlich zu so etwas wie einer Grundhaltung werden, die wir dann nur schwer wieder ablegen können. Rumination erhöht den emotionalen Stress in unserem Körper und damit auch das Risiko, von bestimmten Stoffen abhängig zu werden, die uns das Glück künstlich und auf Kosten unserer Gesundheit wiederbringen. Wir befinden uns dann in einer Abwärtsspirale und müssen versuchen, in die entgegengesetzte Richtung, also die Aufwärtsspirale, zu kommen.

Dickes und dünnes Fell

Wenn Sie schon die einfachsten und kleinsten Dinge zur Weißglut bringen können, was passiert dann erst, wenn etwas Größeres, Schlimmeres passiert? Wenn etwas passiert, dass Sie ärgert oder Ihnen nicht passt, dann erinnern Sie sich daran, dass es immer auch noch schlimmere Dinge gibt, die passieren können. Freuen Sie sich, dass es nicht schlimmer ist und seien Sie dankbar für das, was Sie haben und was Sie sind. Mir erging es einmal mit meinem fast 2000 Euro teuren Laptop so. Ich hatte die Maschine erst vor einem knappen Jahr gekauft. Nach 10 Jahren des Schmachtens hatte ich mir endlich einmal etwas Gutes gegönnt. Trotz meiner großen Sorgfalt, die ich sonst im Umgang damit an den Tag lege, kippte mir eines Tages ein Glas Milch über die Tastatur. Ich war natürlich geschockt, und das Ganze passierte dann natürlich auch noch ausgerechnet an einem Tag, an dem ich mehrere Deadlines für Arbeiten, die ich abliefern sollte, hatte. Was tat ich? Ich verlor nicht die Nerven, fing nicht an zu weinen oder zu schreien. Ich war zwar niedergeschlagen, aber trotzdem relativ kühl. Ich habe ähnliche Dinge schon ziemlich oft erlebt. Ich lebe mit dem Bewusstsein, dass dort, wo gehobelt wird, auch Späne fallen. Es werden immer Dinge passieren, die uns ärgern und uns nicht passen oder uns fast zur Verzweiflung bringen. Leben ist eben das, was passiert, während wir andere Pläne machen. Wenn wir das verstanden und verinnerlicht haben und die Kunst beherrschen, damit umgehen zu können und nicht zuzulassen, dass uns unsere Freude an den schönen Dingen dadurch genommen wird, dann haben wir schon viel geschafft. Die meisten Probleme lösen sich auch irgendwann wieder und nach jedem Regen kommt auch wieder Sonnenschein. Darauf müssen wir einfach vertrauen. In diesem Zusammenhang steht auch der nächste Punkt: zwar müssen wir negativen Gefühlen auch Ausdruck verleihen, aber wir sollten Sie weder lange festhalten, noch verstärken.

Seien Sie ein Problemlöser

Was auch immer passiert ist, ist passiert. Vergessen sie die kleinen und vielleicht auch größeren Dinge, die sie nicht ändern können. Sie wissen selbst, dass sie die Zeit nicht zurückdrehen und die Dinge nicht ungeschehen machen können. Ich schlage Ihnen deshalb vor, daran zu arbeiten, jedes Problem und andere Dinge, die Sie nicht ändern können, entweder zu vergessen oder zu akzeptieren, ohne weiter darüber zu „ruminieren“. Wie groß Ihnen das Problem auch gerade erscheinen mag, fragen Sie sich mal: „Wen interessiert's in der unendlichen Weite des Universums?“ Das sage ich natürlich mit einem Augenzwinkern, denn selbstverständlich müssen Sie ihre Probleme ernst nehmen und versuchen zu lösen. Sie – und vor allem Ihr Gehirn – sind eine Problemlösemachine. Dennoch sollten Sie bei all den Problemen – oder vielleicht sollten wir sie besser Herausforderungen nennen – nicht vergessen, dass sich das Universum, auch wenn es gerade so aussieht, als würde ihre Welt zerbrechen, zweifelsfrei weiterhin so entfalten wird, wie es vorgesehen ist. Legen Sie sich das Urvertrauen zu, dass es trotz des Auf und Ab eine universelle Ordnung und Schönheit gibt, die in der Lage ist, uns Rückhalt zu geben, wenn wir unser Bewusstsein dafür öffnen.

Sehen Sie, auch wenn Sie mal enttäuscht werden und alles nicht so klappt, wie Sie es sich vorstellen, das große Ganze: Ihr Lebenswerk und Ihren Lebensweg. Machen Sie sich klar, dass auch Rückschläge Sie von diesem Weg nicht abbringen werden. Bleiben Sie nicht zu sehr bei Ihren Misserfolgen der Vergangenheit verhaftet, sondern schauen Sie nach vorne auf Ihre Aufgaben und die Herausforderungen, denen Sie sich noch stellen wollen. Lernen Sie den Wert der Gegenwart zu erkennen und bewegen Sie sich in Richtung Zukunft. Halten Sie sich nicht mit unlösbaren Dingen auf.

Jammern Sie nicht und handeln Sie sich nicht unnötigen Stress ein der Sie davon abhält glücklich zu sein. Es gibt zwei Wege, sich Problemen und Herausforderungen auseinanderzusetzen: Entweder, Sie blasen sie auf und machen damit alles noch schlimmer, als es ist, bis Sie unter der Last von scheinbar unlösbaren Problemen erdrückt werden, oder Sie machen sie klein und nehmen sich selbst die Angst und den Stress, der im Angesicht von scheinbar unlösbaren Problemen entsteht. Wie gesagt, ihr Gehirn ist eine Problemlösungsmachine, die Sie aber nicht blockieren dürfen. Es ist erwiesen, dass unser Denkapparat bei Angst- und Stresszuständen nicht mehr funktioniert. Wenn Sie also Probleme aufblasen, anstatt daran zu glauben, dass „nichts unmöglich ist" und es für fast alles eine gute Lösung gibt, dann behindern Sie sich selbst. Sie nehmen sich selbst die Fähigkeit, klar und kreativ zu denken.

Kennen Sie Ihre persönlichen Glücksparameter?

Wenn nicht, dann lernen Sie sie kennen und treffen Sie lebenswichtige Entscheidungen! Nachdem ich Ihnen nun in den vorangehenden Kapiteln versucht habe, deutlich zu machen, welche grundlegenden Einstellungen und Verhaltensweisen Sie Ihrem persönlichen Glück so nahe wie möglich bringen können, möchte ich Sie in diesem Kapitel dazu anhalten, über Ihr Leben zu reflektieren und die Dinge zu identifizieren, die für Sie tatsächlich von Bedeutung sind und die Sie anpacken wollen – nicht nur, weil ich es Ihnen rate, sondern weil es Dinge sind, die Sie wirklich im Innern beschäftigen. Das Ganze funktioniert nach dem einfachen „Trial and Error“-Prinzip, also auch in der Selbstbeobachtung über einen gewissen Zeitraum hinweg. Wenn Ihre Erinnerung nicht genug Informationen darüber liefert, was Sie wirklich glücklich und zufrieden gemacht hat und was unglücklich, dann sollten Sie sich eine Weile beobachten und versuchen, ein Feingefühl für das zu entwickeln, was Sie glücklich und unglücklich macht.

Scheuen Sie sich auf der Suche nach Ihrem Glück nicht vor harten, aber ehrlichen und manchmal auch schwierigen Entscheidungen. Ich kann nur immer wieder betonen, wie wichtig es ist, auf die eigene Stimme zu hören. Wenn Sie merken, dass Sie in einer bestimmten Lebensphase unglücklicher sind, als Sie es zuvor in anderen Phasen waren, dann ist es Zeit aufzuräumen und sich wieder auf „Glückskurs" zu bringen.

Hier kommt ein Beispiel für eine harte Entscheidung, die ein ganzes Leben verändert hat. Vor Jahren hat „Peter" angefangen, in der Versicherungsbranche zu arbeiten. Vorher hatte er auf seine innere Stimme gehört und aus purer Lust und aus Interesse etwas studiert, das ihn weitgehend begeisterte. Als es nach dem Studium aber immer schwieriger wurde, einen guten und seiner Ausbildung entsprechenden Job zu finden, bekam er Panik und bewarb sich bei Stellen, die ihn zwar NICHT begeisterten, aber über die ihm die Gesellschaft kommuniziert hatte, dass es „gute" Jobs, wohl hauptsächlich im Sinne von „gut bezahlt", sind. Es dauerte keine vier Wochen, bis aus seiner anfänglichen Begeisterung und Freude darüber, überhaupt Arbeit und

Lohn (eigentlich Schmerzensgeld) zu haben, eine Depression wurde. Er merkte, wie er jeden Morgen nur noch mit übelster Laune aus dem Haus ging und den Menschen um ihn herum keine echte Freude mehr bereiten konnte. Im Gegenteil, er war ständig gereizt und reagierte bei den kleinsten Dingen aufbrausend. Er merkte, wie ihm der Spaß und die Freude vergingen. Selbst wenn er gewollt hätte, hätte er keine Zeit mehr für Dinge, die ihn interessierten, finden können. Alles war aus dem Gleichgewicht geraten. Dennoch blieb er höflich und versuchte durchzuhalten - in dem Bewusstsein, dass alle anderen das ja auch taten und er sich ja schließlich in die Gesellschaft eingliedern musste. Der Zusammenbruch kam schließlich an einem Wochenende, das er nach acht Wochen in dem Job nutzen wollte, um ebendiesem zu entfliehen. In einem kleinen Fischerort am Meer bekam er plötzlich Schüttelfrost, anschließend Schmerzen in der Brust und Atembeschwerden. Der Gang zum Arzt haute ihn vom Hocker. Es war ein einschneidender Moment, als der Arzt für Innere Medizin, bei dem Blick auf seine Blutwerte sagte, es sähe ganz danach aus, als hätte er gerade einen Herzinfarkt. Im nächsten Satz fügte er hinzu: „Aber das ist bei einem jungen Menschen wie Ihnen mit 25 Jahren verwunderlich und eigentlich sehr unwahrscheinlich“. Nach einer abenteuerlichen Fahrt in den nächst größeren Ort mit fachgerecht ausgestattetem Krankenhaus, in dem festgestellt wurde, dass er eine Herzbeutelentzündung hatte, wurde er für 6 Wochen krankgeschrieben. In dieser schweren Zeit, die von Panikattacken begleitet war, da der „Herzschmerz“ so richtig an die Substanz ging und ihn an seiner Existenzfähigkeit zweifeln ließ, schwor er sich, sich nie wieder so gegen meine seine inneren Bedürfnisse zu wenden und einen so rücksichtslosen Raubbau an seinem Körper und Geist zu betreiben. Er hatte zwar auch keine Formel für das, was danach kommen sollte, aber er wusste, dass er diesen Job sein lassen musste, um wieder glücklich zu werden. Er befand sich in freiem Fall. Er begab sich aus der Sicherheit eines festen und gut bezahlten, aber krankmachenden Jobs in die unsichere Freiheit des Neuanfangs – und fand einen besseren Weg. Mittlerweile hat er einige solcher Weichenstellungen hinter sich und fühlt sich in seiner Überzeugung, dass es besser ist, auf seine innere Stimme zu hören, bestärkt.

Richtig glücklich können wir nur werden, wenn wir unsere

Entscheidungen wirklich für uns und in unserem Sinne fällen. Wir sollten auch in Bezug auf uns selbst jeden Tag positiv denken, denn wir sind die Experten für uns und unser Leben. Weder Ihre Eltern, noch Ihre Lehrer, Psychologen oder Berater sind in der Lage, die Welt mit Ihren Augen zu sehen, so wie Sie es tun. Die anderen sind auch nicht in der Lage, bei einer für Sie wichtigen Entscheidung alle Parameter zu kennen, die für die Entscheidung wichtig sind. Diese Parameter kennen nur Sie selber. Sie sind als einziger in der Lage, Ihre eigene Situation und ihr Befinden so umfassend zu beurteilen, wie es nur geht. Vertrauen Sie deshalb auf sich und nehmen Sie Ihr Glück selbst in die Hand!

Oh what a perfect day!

Nachdem Sie in sich gegangen sind und sich gut überlegt und vielleicht sogar aufgeschrieben haben, welches bisher die Parameter Ihres Glücks waren und welche es noch werden könnten, sollten Sie jeden Tag ein bisschen darauf hinarbeiten, diese großen und kleinen Dinge in Ihr Leben zu bringen. Das Wichtigste, um jeden Tag für Sie glücklich zu gestalten, egal ob Sie auch Dinge tun, die Sie ärgern oder nicht so glücklich machen, ist zu spüren, dass es vorangeht und dass Sie sich auf einem guten Weg hin zu ihrem Glück befinden. Hierzu ist es sinnvoll, dass Sie sich deutlich machen, welche kleinen Dinge es sind, die Sie ändern können. Im Folgenden finden Sie als Beispiel eine Liste von kleinen Dingen, die ich mir täglich vor Augen führe, um meine Tage positiver zu gestalten und meinen Körper und Geist positiv zu stimmen. Für die großen Dinge, die Ihr Leben bereichern und Sie glücklich machen werden, weil sie Ihrem Lebensentwurf entsprechen, müssen Sie sich, wie ich im vorigen Kapitel versuche habe, deutlich zu machen, selbst besser beobachten und kennenlernen und darauf aufbauend Ihre Entscheidungen fällen. Die kleinen Dinge allerdings, die jeder von uns sofort anpacken und verwirklichen kann, sind Folgende:

- Lächeln Sie
- Verbinden Sie sich mit der Natur
- Sprechen Sie Ihre Wahrheit klar und deutlich und stehen Sie dafür ein
- Umgeben sie sich mit positiven Menschen
- Tun Sie etwas, das Sie immer schon gerne gemacht haben
- Tun Sie etwas, das Sie nie zuvor gemacht haben, aber immer schon probieren wollten
- Riechen Sie etwas, das Sie glücklich macht
- Belohnen Sie sich, wenn Sie etwas Gutes getan haben
- Berühren und spüren Sie etwas, das Sie glücklich macht (umarmen Sie einen Baum, streicheln Sie Ihr Haustier)
- Machen Sie sich keine unnötigen Sorgen - seien Sie dankbar und glücklich im Moment

- Singen und Tanzen Sie, wenn Ihnen danach ist
- Seien Sie offen für Neues und lernen Sie immer etwas dazu
- Hören Sie auf, Dinge vor sich herzuschieben und packen Sie die Dinge sofort an
- Machen Sie kleine Schritte in Richtung Ihrer Ziele
- Träumen Sie groß, aber fangen Sie ruhig klein damit an
- Verstehen und verinnerlichen Sie, dass alle Dinge endlich sind
- Akzeptieren Sie das, was Sie nicht ändern können
- Bewegen Sie sich und suchen Sie sich Aktivitäten, die Ihren Körper aktivieren
- Seien Sie dankbar für Ihr Leben und für jeden Tag
- Gehen Sie auf Reisen jeglicher Art
- Entscheiden Sie sich bewusst dafür, jeden Tag glücklich zu sein – es gibt tausende Gründe dafür (schreiben Sie sich diese auf)
- Visualisieren Sie Ihre Freundschaften, Beziehungen und Verwandtschaften, freuen Sie sich über sie und

nehmen Sie die Freude und Liebe, die Sie mit diesen Menschen teilen, bewusst wahr

- Vergeben Sie jemandem (und als allererstes sich selbst)
- Umgeben Sie sich mit Menschen, die Sie unterstützen und inspirieren
- Wachsen Sie an Sich selbst und verbinden Sie sich mit Ihrer Umwelt (Ihrer Familie, der Gesellschaft und mit dem Universum)

Ich rate Ihnen, sich Ihre eigene Liste anzufertigen und gegebenenfalls zu ergänzen. Nehmen Sie sich täglich Zeit für die großen und kleinen Pläne und Freuden Ihres Lebens und das Glück wird entweder Sie, oder Sie werden das Glück finden!

Die Macht des Bewusstseins

Das Bewusstsein ist sehr mächtig. So logisch diese Aussage zu sein scheint, vergessen oder ignorieren doch viele Menschen die Tatsache, dass unsere Gedanken alles bedeuten. Die Ideen, die in unseren Köpfen entstehen, sind nicht nur die Basis für unsere Denkweise im Allgemeinen, sondern auch für unsere Haltung, unsere Gewohnheiten – und natürlich für unsere Stimmungen.

Aufgrund dieser einfachen Tatsache öffnen wir die Tür zum Erfolg, sobald wir eine Veränderung in unserem Denken zulassen

Nehmen wir an, es gibt einen Erfinder, der eine wahrhaft erstaunliche Maschine schafft, die eine jahrhundertealte Anwendung revolutioniert – dann kann dies als etwas sehr Zuträgliches für die Gesellschaft gesehen werden. Das ist aber nur möglich, wenn die Gesellschaft offen für Veränderungen ist. Wenn die Denkweisen in uralten Praktiken festgefahren sind und man sich weigert, von diesen abzulassen, dann wird diese neue Maschine keinen Beitrag in der Gesellschaft leisten können.

Egal, wie großartig die Maschine ist, sie findet keine Förderung und sieht vermutlich niemals das Tageslicht.

Die Möglichkeit, das eigene Denken verändern zu können, ist nicht die einzige essentielle Sache, die von der Gesellschaft angenommen werden sollte. Genauso ist es wichtig, dass die Menschen dazu in der Lage sind, ihre neugefundene Mentalität zu verwalten und stets für Veränderungen offen zu sein - vor allem wenn diese Verbesserungen und Entwicklungen erlauben.

Um dazu fähig zu sein, eine gute Einstellung zu entwickeln und langfristig beizubehalten, ist es sehr wichtig, dass Sie verstehen, wie Ihr Denken geformt ist. Ohne dieses grundlegende Verständnis wird es für Sie keinen Raum geben, um auf dieser seelischen Reise voranzukommen.

Es gibt verschiedene Wissenschaftsfelder – von der Neurologie bis hin zur Physik, die im Laufe der Zeit konstante Forschungen zur Art des Denkens betrieben haben. All diese Studien haben eines gemeinsam: Die Erkenntnis, dass unser Denken nicht aus einem Element besteht, sondern aus einer Kombination von gewohnheitsmäßigem Denken und begleitenden Bildern und Emotionen.

Jede Ihrer Erfahrungen im Leben – sei es eine einfache alltägliche Aufgabe wie das Säubern Ihres Zimmers oder etwas Besonderes wie das Zelebrieren eines freudigen Ereignisses – kann der Entwicklung Ihres Denkens im Laufe der Zeit zugeschrieben werden.

Jeder Gedanke, jede Ansicht und jede Emotion senden Auslöser in Form von biochemischen Reaktionen an den Körper. Diese Auslöser sind stärker und bewegender, wenn die Gedanken und Gefühle positiv sind. Ein exzellentes Beispiel hierfür wäre etwa das Erfahren - also das Geben oder Erhalten - von Liebe.

Wenn es um negative Ideen und Emotionen wie Ärger oder Kritik geht, wird eine andere Reihe biochemischer Reaktionen durch den Körper geschickt. Es wurde schon oft vermutet und gegenwärtig auch wissenschaftlich bestätigt, dass diese biochemischen Reaktionen die konkreten physischen Erscheinungsformen unserer Gedanken und Affekte sind, gemeinsam mit ihren entsprechenden mentalen Abbildungen.

Mit dem Älterwerden sammelt unser Gehirn Erfahrungen. Dieser Vorgang ist verantwortlich dafür, dass eine Mehrzahl Ihrer Gedanken und Gefühle zur Gewohnheit werden. Diese mentalen Gewohnheiten wiederum tragen die Verantwortung für das Schaffen eines neuronalen Netzwerkes, das dazu dient, Sie als Person zu definieren. Es ermöglicht Ihnen, mit Ihrer Umgebung in einer bestimmten Weise zu interagieren und es erlaubt Ihnen, im Alltag zu funktionieren.

Es ermöglicht Ihnen, automatisch zu leben. Für jede Ihrer Handlung bedeutet dies, dass Sie eine bestimmte Reaktion liefern können, egal ob diese positiv oder negativ belastet ist. Vor allem wenn es um untergeordnete Tätigkeiten geht, ist es einfach, diese zu aus der Gewohnheit auszuführen.

Wenn weitere Jahre vergehen und mehr Erfahrungen gesammelt werden wird dadurch ein stärkeres Denken entwickelt. Wiederholung und Übung sind es, die das innere neuronale Netzwerk ausbilden. Je stärker es wird, je solider Ihre Persönlichkeit sich gestaltet, desto mehr bildet sich Ihr Ihr Denken heraus.

Obwohl dieses neuronale Netzwerk aus sich wiederholenden Gedanken geformt wird, umfasst es auch eine Reihe einzigartiger Merkmale. Wie bereits erwähnt, je repetierender Ihre Gedanken und Emotionen werden, desto größer, um nicht zu sagen stärker, wird dieses neuronale

Netzwerk - ganz gleich, ob Ihre Gedanken positiver oder negativer Natur sind.

Nehmen Sie dieses Beispiel: Die meisten Menschen beginnen einen neuen Job mit Enthusiasmus, aber nach einiger Zeit fühlen sie sich gelangweilt, unzufrieden und verbittert. Dann fangen sie damit an, sich mit anderen, erfolgreicheren Menschen zu vergleichen. Der konstante Glaube, sie seien Opfer ihres Berufs, wird sie darin beeinflussen, sich in ihrer Arbeit gefangen zu fühlen.

Sie werden ein Gefühl der Verbitterung entwickeln und jede Kleinigkeit ihres Berufes kritisch betrachten. Das stetige Reflektieren der bestehenden Situation macht sie zu Gefangenen ihres eigenen Verstands. Bis zu dem Punkt, an dem sie sich hilflos fühlen - unfähig weiterzukommen und ihr Glück woanders zu versuchen.

Mit dem Verstand ist es so, dass positive Gedanken ihn stark machen, während negative ihn schwächen. Je schwächer er wird, desto größer wird das Gefühl der Hilflosigkeit. Und wenn diese Hilflosigkeit einen bestimmten Punkt erreicht, gibt es wenig bis gar nichts, dass man tun könnte, um zum positiven Denken zurückzukehren. Der gleiche Effekt kann entstehen, wenn die Veränderung Abwehrgefühle hervorruft, wenn Unsicherheit und Selbstzweifel bestehen.

Ein weiteres Merkmal neuronaler Netzwerke ist, dass sie Bestärkung besonders gut speichern. Das bedeutet, dass wir darauf ausgerichtet werden, Belohnungen sehr einfach im Gedächtnis zu behalten. Da unsere Vorstellungen von anderen Dingen, Ereignissen oder Menschen bestätigt werden, entwickeln wir einen stärkeren Sinn dafür, dass wir richtigliegen, dass unsere Gedanken tatsächlich akzeptiert werden.

Zuletzt sei erwähnt, dass das neuronale Netzwerk außerdem als geistige Linse dient, die filtert, wie wir die Welt sehen. Dies ist unsere Grundlage dafür, wie wir Dinge rechtfertigen, die wir erleben. Daher kommt das jahrhundertealte Sprichwort, das besagt, dass wir nur sehen, was wir sehen möchten. Wenn man daran glaubt, Recht zu haben, wird man sich viele Begründungen dafür einfallen lassen und alle anderen Gedanken ignorieren, selbst, wenn diese Gedanken objektiv mehr Wahrheit beinhalten.

Techniken der Denkweise: Ändern Sie die Art Ihres Denkens

Es gibt viele Wege, die Ihnen helfen können, die Art Ihres Denkens zu verändern. Ein paar einfache Techniken können Ihren Verstand zu einem besseren Denkstil hinlenken und somit einen positiveren Ausblick auf das Leben trainieren.

1. Wille

Es beginnt mit dem Wollen. Behalten Sie im Hinterkopf, dass Sie mit Gedanken, Ansichten und Gefühlen zu tun haben, die Sie immer kontrollieren können. Das heißt, es liegt an Ihnen zu entscheiden, ob Sie positiv reagieren möchten, wenn Sie mit einer bestimmten Situation konfrontiert werden – oder nicht.

Sie haben immer die Möglichkeit, diese Gedanken zu verändern, auch wenn sie anfangs eine eher negative als positive Stimmung hatten. Es ist möglich, dass sich Ihre Überzeugungen gebildet haben als Sie noch jünger waren und unter dem Einfluss von Erwachsenen wie Eltern oder Lehrern standen. Das mag bedeuten, dass ein Teil Ihres Denkens deren persönlichen Tendenzen mit sich trägt. Im Laufe der Zeit haben Sie mit Sicherheit eigene Meinungen und ein Verständnis von den Dingen in Ihrer Umgebung entwickelt. Sie können nun diese neue Einsicht nutzen, um Ihr Denken über bestimmte Dinge zu ändern.

Sie haben die Fähigkeit, etwas zu verändern, sobald Sie es für angebracht halten. Sie haben immer diese persönliche

Wahl. Sie haben außerdem die persönliche Verantwortung, wie jeder Mensch sie hat. Erinnern Sie sich immer daran, dass Sie die Kontrolle über alles in Ihrem Leben verlieren können, bis auf die über Ihre innere Einstellung. Solange Sie den Willen haben, etwas zu verändern, solange werden Sie auch in der Lage sein, Ihre Denkweise zu verändern.

2. Lassen Sie Ihr Denken gedeihen

Neben der Bereitschaft, sich zu verändern, sollten Sie sich außerdem bemühen, Ihr Denken zu füttern, ihm also zu erlauben, sich in einem positiveren Licht zu entwickeln. Nähren Sie es mit dem, was sie schaffen möchten. Das heißt, wenn Sie einen positiveren Ausblick aufs Leben entwickeln möchten, müssen Sie damit aufhören, über negative Dinge nachzudenken. Konzentrieren Sie sich auf die positiven Seiten Ihres Lebens.

Das kann etwas Einfaches sein, etwa Dankbarkeit für einen großartigen Tag oder dafür, dass Sie pünktlich mit der Arbeit fertig geworden sind. Was auch immer Ihre Gedanken sind, erinnern Sie sich daran, dass es immer eine positive Art gibt, um Dinge zu betrachten. Es kommt nur auf Ihre Fähigkeit an zu wählen, worauf Sie ihre Energie lenken wollen.

3. Leidenschaft

Natürlich müssen Sie eine Leidenschaft für dieses neue Denken aufbringen. Ihre Mühe wird keine Ergebnisse liefern, wenn Sie keine Liebe für diese neue Methode des Denkens empfinden. Wenn Sie leidenschaftlich sind, bildet Ihr Körper Endorphine, die Sie zur Veränderung motivieren. Endorphine tun dies durch die Unterstützung Ihrer Lern- und Merkfähigkeit.

All dies hilft, stärkere neuronale Netzwerke zu bilden, die es Ihnen ermöglichen, aktiv zu werden, denn Sie sind in der Lage, schneller zu lernen und Ihre Gewohnheiten mit Leichtigkeit zu verändern.

Neben dem Ändern Ihres Denkens im Allgemeinen ist es auch wichtig zu erwägen, Ihre festgesetzte Denkweise für Wachstum zu öffnen. Es gibt Unterschiede zwischen einer unbeweglichen und einer wachsenden Mentalität und das Verständnis dieser Differenz wird Ihnen dabei helfen, schlechte Angewohnheiten loszuwerden und damit Ihre gesamte Persönlichkeit zu verbessern.

1. Identifizieren Sie Ihre innere Stimme

Jeder von uns hat teilweise festgesetzte Denkweisen und deren Stimme zu identifizieren, ist der erste Schritt. Festgelegtes Denken trägt mehr negative Elemente als positive und das, obwohl wir die positiven doch so sehr in unserem Leben benötigen. Deshalb beinhaltet diese Art von Denken oft Selbstzweifel und das wollen wir vermeiden. Sie müssen damit anfangen, Sich selbst mehr zu vertrauen und durch das Identifizieren dieser Stimme sind Sie in der Lage, die Negativitäten auszuschalten.

2. Erkennen Sie Ihre Fähigkeit zu Wählen

Sie haben die Kontrolle über die meisten Dinge in Ihrem Leben, inklusive der Fähigkeit, Dinge zu interpretieren, die Sie im Alltag antreffen. Das bedeutet, Sie haben die Kontrolle darüber, wie Sie auf Anreize reagieren – seien es Rückschläge, Kritiken oder Herausforderungen. Eine festgesetzte Denkweise beschränkt Ihr Verständnis von solchen Niedergängen auf fehlendes Talent. Eine wachsende Denkweise sieht diese Anreize als hervorragende Gelegenheit zu lernen und sich selbst zu entwickeln.

3. Lassen Sie Ihre wachsende Einstellung regieren

Die meisten von uns haben vorrangig festgefahrene Denkweisen, aber das bedeutet nicht, dass wir nicht die Fähigkeit haben, uns eine wachsende Einstellung anzueignen. Dies ist sogar etwas Angeborenes. Das Denken des Wachstums ermöglicht es uns, die positive Seite der Dinge zu betrachten. Die Herausforderung ist es, herauszufinden, wie man diese bestimmte Denkweise über die festgesetzte regieren lassen kann.

Sie sollten trainieren, die festgesetzte und die wachsenden Denkweisen voneinander zu trennen, sodass Sie in der Lage sind, mit Hilfe eines besseren Denkprozesses ein besseres Leben zu führen. Hören Sie beide Stimmen an, aber lassen Sie die Denkweise des Wachstums bestimmen. Konzentrieren Sie sich auf die guten Dinge - Dinge, für die Sie dankbar sind - und lassen Sie die negativen Aspekte beiseite, um sie später zu bewerten.

Keinesfalls sollten Sie Ihre festgefahrene Denkweise ignorieren, aber Sie sollten der Möglichkeit offen gegenüberstehen, dass einige ihrer Inhalte widerlegbar oder ungerechtfertigt sein könnten. Darum sollten Sie immer offen für Veränderungen in Ihrem Denken sein.

Wahres Glück beginnt in Ihnen

Ein Sprichwort von Henry David Thoreau besagt, dass Glück wie ein Schmetterling ist: Je mehr man es zu fangen versucht, desto mehr wird es ausweichen. Aber wenn man seine Aufmerksamkeit anderen Dingen zuwendet, wird es kommen und sich sanft auf deine Schultern setzen.

In manchen Fällen ist dieses Sprichwort wahr. Das bedeutet nicht, dass Sie das Glück nicht fangen sollten – es ist ein Bedürfnis, das jeder im Leben hat. Es lehrt uns vielmehr, dass man sich, um wirklich glücklich zu sein, auf die verschiedenen Bestandteile, die uns als Mensch glücklich machen, konzentrieren sollte.

Glück handelt nicht von den oberflächlichen Dingen im Leben wie materieller Besitz oder Geld. Glück entspringt verschiedenen Quellen, die aufrechterhalten werden können. Es kommt von Orten, die langfristige statt vergängliche Freude erlauben. Geld und Besitztümer kommen und gehen, aber es gibt Dinge im Leben, die immer bleiben. Diese Dinge brauchen Sie, um das Glück zu erringen, nachdem wir uns alle sehnen.

Es gibt diverse Strategien, denen Sie sich zuwenden können, um im Leben glücklich zu sein. Je glücklicher man ist, desto besser wird die Denkweise. Und wir wissen, dass ein besseres Denken mehr Türen zu einem besseren Leben öffnet.

Es beginnt damit, sich nicht über die Kleinigkeiten im Leben zu sorgen. Es gibt bestimmte Dinge, die außerhalb Ihrer Kontrolle liegen, warum also sich darum sorgen? Während Sie dies tun, verursachen Sie nur Stress. Lernen Sie stattdessen die Sonnenseite der Dinge zu betrachten. Sie mögen sich in der Mitte einer Herausforderung befinden, aber das bedeutet nicht, dass es keine Wege gibt, diese zu überwinden. Richten Sie Ihren Fokus stattdessen darauf und arbeiten Sie sich heraus.

Bei den Dingen, über die Sie die Kontrolle haben, denken Sie an den Segen, der mit jedem negativen Szenario kommt, anstatt sich darauf zu versteifen, warum es eine Last ist, warum es Ärger bereitet. Es geht nur darum, die Perspektive zu verlagern. Beispielsweise kann ein Trip in einem überfüllten Bus Stress auslösen. Anstatt sich auf die Menschenmenge zu konzentrieren, sollten Sie die wunderschöne Landschaft bewundern, die an Ihnen vorbeizieht. Denken Sie bei der Arbeit daran, dass Sie mit einer wichtigen Aufgabe betraut wurden, weil nur Sie den Job richtig erledigen können, anstatt sich über die Mühen aufzuregen, die mit dem Vorbereiten des Extraberichts für den Chef einhergehen.

Es ist außerdem wichtig, dankbar für das zu sein, was Sie im Leben haben. Zu viele Menschen zeigen keine Dankbarkeit trotz des Segens, welchen sie im Leben erhalten. Diese Menschen tendieren dazu, weniger zufrieden zu sein, mehr zu vergleichen, gestresster und weniger glücklich mit ihrer Existenz zu sein. Wenn Sie einen Sinn für Dankbarkeit entwickeln, werden Sie stets das Gute in den Dingen sehen und Sie werden nicht immer mehr vom Leben wollen, denn Sie sind zufrieden mit dem, was sie haben.

Und während sie zufrieden sind mit dem, was sie haben, werden jegliche Möglichkeiten auf mehr, die des Weges kommen, als weitere Segen angesehen, die Sie noch dankbarer machen werden. Ihr Glücks-Level wird tagtäglich steigen. Also seien Sie dankbar, um glücklich zu sein. Seien Sie glücklich, um Ihre Stimmung anzuheben. Heben Sie Ihre Stimmung und denken Sie positiv. Denken

Sie positiv und seien Sie erfolgreich.

Es ist außerdem erforderlich zu lernen, wie man vergibt. Vergeben Sie anderen und vergeben Sie sich selbst. Es ist nicht gut für Sie, an Kummer festzuhalten. Lassen Sie diesen in der Vergangenheit und bewegen Sie sich vorwärts im Leben. Richten Sie Ihre Aufmerksamkeit auf das, was getan werden kann, anstatt auf das, was nicht mehr geändert werden kann. Durch das Loslassen von Bereuen und Schmerz werden Sie in der Lage sein, Denken, Körper und Seele zu erleichtern und glücklicher zu werden.

Befreien Sie Ihr Denken, um sich selbst zu befreien

Haben Sie schon mal gehört, dass viele Menschen dazu raten, das Denken zu befreien, um ein besseres Leben zu führen? Das ist tatsächlich wahr. Nach Jahren des Lebens haben Sie so viele Dinge, Gedanken und Gefühle in Ihrem Kopf gesammelt, dass es – hin und wieder – angebracht ist, aufzuräumen, um einen frischen Startpunkt zu haben. Das heißt nicht, dass Sie alles in den Müll werfen sollen. Was zu tun ist? Platz für neue und bessere Ideen machen! Und das geschieht durch das Loslassen der negativen Gedanken, die Ihnen Sorgen bereiten.

Sicherlich gibt es Zeiten, in denen Sie sich wünschten, sich nicht über bestimmte Dinge sorgen zu müssen – ganz gleich ob es sich dabei um Hausarbeiten, Finanzen, Arbeit oder etwas ganz Unvorhergesehenem handelt. Je mehr Sie versuchen, Ihren Verstand davon zu befreien, desto höher ist die Tendenz, sich noch mehr zu sorgen. Während Sie versuchen, negative Gedanken zu kontrollieren, scheinen sie nur stärker zu werden.

Das geschieht, weil unser Verstand darauf fokussiert ist, Dinge zu tun, anstatt sie zu ignorieren. Also wenn Sie bewusst versuchen, nicht an einen Affen zu denken, werden plötzlich Unmengen an Affen in Ihrem Kopf herumhüpfen.

Deshalb sollten Sie Ihre Energien - mit Hilfe eines einnehmenden Themas, das besseres Denken fördert - auf das Entgegenarbeiten lenken. Gibt es keinen Weg, Ihre Sorgen zu beseitigen, dann denken Sie an etwas, das Sie bekämpfen können. Lernen Sie Lösungen für die Probleme zu finden, die in Ihrem Verstand feststecken.

Es gibt verschiedene Methoden, um Ihren Geist zu befreien, beginnend mit der Meditation. Seit Jahrhunderten wird diese genutzt, um den Verstand von unnötigen Gedanken freizumachen. Sie müssen nicht durch den Prozess des Kerzenanzündens und Musikspielens gehen. Es geht einfach darum, einen ruhigen Ort zu finden, an dem Sie komfortabel sitzen können. Lassen Sie Gedanken Ihren Geist betreten und hindurchfließen.

Nach der Meditation sollten Sie etwas Sport treiben. Die anstrengende Aktivität wird Ihnen dabei helfen, Ihren Verstand auf etwas Anderes als Ihre Sorgen zu lenken. Die körperliche Beschäftigung hilft außerdem dabei, Endorphine freizusetzen und Ihren Cortisol-Spiegel zu senken. Dies bringt von sich aus eine positivere Stimmung mit sich.

Vergeben ist auch ein guter Trick, um Ihren Geist zu befreien. Meistens kommen unsere Sorgen aus vergangener Reue und Kummer. Das heißt, je früher Sie loslassen und anderen und sich selbst vergeben, desto eher werden Sie einen klaren Kopf bekommen. Anstatt sich auf die Vergangenheit zu konzentrieren, geben Sie Ihr Bestes und lenken Sie ihre Aufmerksamkeit auf die Gegenwart. Sie können die Vergangenheit nicht ändern, aber Sie können im Jetzt arbeiten, um das Ergebnis zu erreichen, das Sie sich wünschen.

Seien Sie zu jeder Zeit achtsam, auch wenn es um alltägliche Angelegenheiten geht. Die Aufmerksamkeit auf die Dinge zu lenken, die man gerade tut, lässt weniger Raum für ungewollte oder unbefugte Gedanken. Gönnen Sie sich auch mehr Zeit für Unterhaltung. Das ist ein guter Weg der Realität zu entkommen, selbst wenn es nur für eine Stunde ist. Tauchen Sie in Ihr eigenes Lachen ein und später werden Sie bessere Stimmung haben und weit weg von Ihren

Sorgen sein.

Die wahrscheinlich wichtigste Strategie ist jedoch, aufzuhören, es allen Leuten recht machen zu wollen. Sie können nicht jedem gefallen und Sie sollten sich deren Angelegenheiten nicht beim Leben Ihres Lebens in die Quere kommen lassen. Konzentrieren Sie sich mehr auf das, was Sie glücklich macht, anstatt zu versuchen, die Zustimmung anderer zu erhalten. Wenn Sie Ihren Fokus auf andere anstatt auf sich selbst lenken, werden Sie ständig in einem Status des Sorgens sein. Es ist Ihr Leben, also leben Sie es zuallererst für sich selbst!

Warum auf positives Denken konzentrieren?

Ihr Leben kann sich schnell verändern, wenn Sie damit beginnen, positiver zu denken, als Sie es in den vergangenen Jahren getan haben. Denken Sie positiv, wenn Sie ein langes Leben, Glück, Gesundheit und Erfolg haben wollen. Es gibt viele Menschen, die sich zum positiven Denken wenden, weil es vorteilhafte Veränderungen in ihrem Leben fördert. Mit dieser Einstellung können Sie Ihr inneres Ich ganz einfach in etwas Erstaunliches verwandeln.

Man sagt, dass ein optimistischer Geist die Fähigkeit hat, Träume real werden zu lassen. Dies ist einer der hauptsächlichen Vorteile, die mit dem positiven Denken einhergehen. Es wird als eines der elementarsten Dinge betrachtet, welche Sie beim Verfolgen Ihres Bestrebens erfolgreich sein lassen.

Positives Denken wird als ein optimistischer Gedankenstatus betrachtet, dessen Fokus stets auf der Sonnenseite der Dinge liegt. Das beste Beispiel wäre, sich auf ein halbvolles Glas zu konzentrieren anstatt auf ein halbleeres. Das ist eine mentale Haltung, die nur mit Anstrengung erreicht werden kann – dafür aber konstruktive Ergebnisse bringt, die es am Ende sehr wohl wert sind.

Diese mentale Einstellung führt eine Art innerer Zufriedenheit herbei, die uns moralisch aufrichtet, uns motiviert, besser zu sein und Erfolg haben zu wollen. Sie bringt einen Sinn für Glück und inneren Frieden, welcher dann eine bessere Gesundheit für jeden von uns fördert. Da wir damit anfangen, uns von innen her zu verändern, hat sie außerdem die Fähigkeit, die Art und Weise zu ändern, wie wir die Welt außerhalb wahrnehmen und zu verbessern, wie wir auf unsere Umgebung reagieren. Wir sind zudem in der Lage, bessere Beziehungen mit anderen Menschen aufzubauen.

Vielen ist nicht bewusst, dass positives Denken gesundheitliche Vorteile hat. Studien haben gezeigt, dass Positivdenker dazu fähig sind, ein stärkeres Immunsystem zu entwickeln, das zur Selbstheilung und Selbstregeneration imstande ist. Dies ist ein weiteres Beispiel dafür, wie diese Art zu denken leicht zu positiven Ergebnissen führen kann.

Positivdenker genießen außerdem die Entwicklung besserer Grundhaltungen, da Positivität einen Sinn für

Liebenswürdigkeit und Mitgefühl gegenüber anderen pflegt. Dies ist der Grund dafür, dass positives Denken als ein weiterer exzellenter Weg für das Erreichen von Wohlstand gesehen wird – nicht nur in finanzieller oder beruflicher Form, sondern als Wohlstand von Geist, Körper und Seele.

Sie mögen sich fragen, wie positives Denken funktioniert. Es dreht sich schließlich nicht nur darum, an gute Dinge zu denken. Es beinhaltet eine vollständige Verlagerung der Psychologie unserer Gedanken und unseres Körpers. Sie haben die angeborene Fähigkeit, Ihren Verstand darauf zu programmieren, zu erreichen, was auch immer Sie sich im Leben wünschen. Es läuft alles darauf hinaus, dass Sie lernen, wie Sie Ihr Denken in einer Weise steuern können, sodass sie automatisch positiv denken und diese Art von Denken langfristig beibehalten können.

Wenn Sie diese Vorteile des positiven Denkens erlangen, werden Sie außerdem sehen, dass Sie in der Lage sind, Ihr Stresslevel zu reduzieren – unabhängig davon, ob es von der Arbeit oder den Herausforderungen des täglichen Lebens hervorgerufen wird. Betrachten Sie es auf diese Weise: Was Sie glauben, übersetzt sich in das, was Sie erwarten können.

Glauben Sie an das Gute und seien Sie sicher, ein gutes Ergebnis zu erzielen.

Darum ist es sehr wichtig, dass Sie damit beginnen, das Kommando über Ihr Denken zu übernehmen. Starten Sie mit Bestätigungen positiver Gedanken, später gehen Sie vielleicht zur Meditation über. Es ist wichtig, dass Sie bewusst die Anstrengung eingehen, die Art Ihres Denkens zu verändern.

Das Großartige am positiven Denken ist, dass es nicht nur Ihre Stimmung ankurbelt – es hilft auch mit alltäglichen Dingen klarzukommen. Es befähigt Sie, die Lage wesentlich besser zu meistern, trotz der Schwere der Hindernisse, die Ihnen in den Weg gelegt werden. Es öffnet Ihre Augen, lässt Sie die unzähligen Möglichkeiten erkennen, aus denen Sie Nutzen ziehen können. Es gibt Ihnen den Mut, Ihren Träumen nachzugehen und jeglichen Selbstzweifel, der Sie bisher am Handeln gehindert hat, auszuschalten.

Diejenigen, die untersucht haben, wie positives Denken funktioniert und wie es uns beeinflusst, haben einen Zyklus entwickelt, der beschreibt, wie wir uns verändern und was wir erfahren, wenn wir uns mehr auf die guten als auf die schlechten Dinge im Leben konzentrieren.

- Positives Denken ist eine Fähigkeit.
- Diese zu erlernen führt zu Glück.
- Glück braucht man, um positiv zu bleiben.
- Positiv zu sein erlaubt uns, auf positive Ergebnisse im Leben Einfluss zu nehmen.
- Dadurch können wir lernen, dass es nicht nur um Geld geht.
- Wir lernen, wie wir unseren Wohlstand nutzen, um anderen außer uns selbst zu helfen.
- Die Zufriedenheit, anderen zu helfen, führt zu Selbstzufriedenheit.
- Selbstzufriedenheit macht glücklich.
- Dieses „angeborene“ Glück verursacht eine stärkere Förderung von spirituellem oder religiösem Glauben.
- Dieser wiederum macht uns dankbar im Leben.
- Dankbarkeit führt zu mehr positivem Denken.

Nun, wie kann man diesen Sinn für positives Denken entwickeln? Besonders wenn Sie an negatives Denken gewohnt sind, erfordert dies dramatische Veränderungen. Es ist das Beste, sich selbst nicht zu überfordern – also beginnen Sie langsam. Lesen Sie motivierende und inspirierende Literatur. Zu sehen, dass es für andere funktioniert, wird Ihnen dabei helfen, daran zu glauben, dass es auch für Sie funktionieren wird. Solange Sie nicht an die Kraft des positiven Denkens glauben, werden Sie nicht motiviert sein, Taten in diese Richtung anzugehen.

1. Lächeln bzw. lachen Sie, um Ihre Stimmung und Ihre allgemeine Weltanschauung zu verbessern.
2. Arbeiten Sie daran, anderen zu helfen, ohne eine Gegenleistung zu erwarten. Sie müssen kein Geld spenden. Sie können helfen, indem Sie Ihre Zeit und Weisheit mit denen teilen, die sie brauchen. Es gibt viele ausgezeichnete Möglichkeiten, um anderen zu helfen.
3. Kontrollieren Sie Ihr Ego, da dies mehr Schlechtes als Gutes tut. Es lässt Sie alles kritisch betrachten und das ist nicht gut.

4. Seien Sie dankbar. Dankbarkeit wird Sie glücklicher und zufriedener im Leben machen.
5. Machen Sie eine Liste mit Zielen – sowohl kurz- als auch langfristige – und verfolgen Sie diese. Eine Richtung für Ihr Leben zu haben, wird Ihnen dabei helfen, Träume schneller zu erreichen. Machen Sie eine Liste, die Sie täglich anschauen können. Nutzen Sie diese als Erinnerung.
6. Trainieren Sie Ihre Gedanken und konzentrieren Sie sich auf positive Dinge.
7. Versuchen Sie, sich mit positiv denkenden Menschen zu umgeben.
8. Seien Sie hartnäckig und dennoch geduldig. Nicht vergessen: Sie arbeiten daran, eine tägliche Angewohnheit zu entwickeln.
9. Treiben Sie Sport und essen Sie angemessen, da eine gute Gesundheit Sie in einem guten Daseinszustand hält.
10. Lassen Sie sich durch Ihre Lieblingsmusik leiten. Ja, Musik hilft, unsere Stimmung anzukurbeln und unseren Verstand zu entspannen.

Motivation: Erreichen und Beibehalten

Was ist Motivation? Man sagt, es ist ein Vorgang, der uns dabei hilft, Verhalten aufrechtzuerhalten, die auf die Erreichung unserer Ziele konzentriert sind. Sie gibt uns den Willen, im Leben etwas erreichen zu wollen – sei es eine einfache Tätigkeit oder ein kompliziertes und herausforderndes Bestreben. Motivation ist, was uns lenkt und uns zum Erfolg antreibt. Sie veranlasst uns zum Handeln.

Es gibt viele verschiedene Elemente, die in der Entwicklung von Motivation involviert sind. Da sind biologische, soziale, emotionale und kognitive Faktoren im Spiel. Sie alle arbeiten zusammen, um uns in unseren Verhaltensweisen in Richtung einer spezifischen Aufgabe zu aktivieren.

Darin liegt unser Tun begründet - ob es darum geht ein Glas Wasser aus der Küche zu holen oder uns für eine schwierige Prüfung in der Schule vorzubereiten. Motivation kann uns dazu antreiben, einen Berg zu besteigen oder von weit oben mit dem Fallschirm zu springen.

In der Realität gibt es viele Kräfte, die dazu dienen, uns zu führen. Sie haben variable Komponenten, inklusive Intensität, Aktivierung und Beharrlichkeit.

Die Intensitätskomponente reflektiert unseren Elan, unsere Konzentration, wenn wir damit beginnen, ein Ziel oder einen Traum zu verfolgen. Es ist unser Sinn für Vorbereitung, z.B. das Lernen für eine Prüfung oder das wochenlange Vorbereiten einer Präsentation bei der Arbeit. Je mehr wir uns vorbereiten, desto stärker wird diese Komponente und desto besser wird unsere Motivation sein.

Aktivierung auf der anderen Seite legt den Fokus auf Handlungen, die wir ausführen, wenn wir motiviert sind, etwas zu tun. Das mag die Vorbereitung für den Ironman-Marathon sein, die daraus besteht, einer Trainingseinrichtung beizutreten, oder die Vorbereitungen, um den Masterabschluss zu erhalten.

Schließlich gibt es noch die Komponente der Beharrlichkeit. Sie besagt, wie viel wir bereit sind zu opfern, wie weit wir gehen werden, um unsere Aufgabe, unser Ziel zu erreichen - trotz der Hürden, die existieren können. Sie bezieht sich auf unseren inneren Antrieb.

Es gibt verschiedene Wege, wie Motivation entsteht. Unzählige Studien und endlose Forschungen haben gezeigt, dass Menschen auf unterschiedliche Weise Motivation entwickeln. Einige der häufigsten Ursprünge menschlicher Motivation sind die folgenden:

- Instinkt.
- Innerer Antrieb.
- Persönliche Befriedigung.
- Bedürfnisse und Wünsche.

Ihr Motivationssinn kann also intrinsischer oder extrinsischer Natur sein. Intrinsische Motivation bedeutet, dass Ihre Gründe etwas zu tun, sich von etwas Innerem ableiten, vielleicht einem persönlichen Bedürfnis. Extrinsische Motivation ist die Art von Motivation, die sich von äußerer Beeinflussung ableitet. Das kann jemand Besonderes sein, ein Idol, ein Elternteil, ein geliebter Mensch oder ein Freund.

Motivation ist etwas, dessen Erwerb bereits herausfordernd sein kann, noch mehr aber seine Aufrechterhaltung. Doch dies zu meistern ist essentiell, wenn Sie ein besseres Leben führen möchten. Hier sind einige Dinge, die Sie tun können, um motivierter durchs Leben zu gehen:

1. Sich auf die natürliche Belohnung der Aufgabe konzentrieren

In manchen Fällen kann das Arbeiten mit Anreizen die Motivation fördern, da es vielen Menschen initiale Gründe gibt, eine Aufgabe zu beginnen. Es ist jedoch sehr wichtig, Anreize vorsichtig zu nutzen, da jemand, der bereits innerlich motiviert ist, etwas zu tun, diese Motivation verlieren könnte, wenn er oder sie nicht in der Lage ist, einen Anreiz für das Beenden derselben Aufgabe zu erhalten. Wir verlieren also unsere intrinsische Motivation, weil wir Angst haben, die extrinsische Belohnung nicht zu erhalten. Soweit es im Rahmen der Möglichkeiten liegt, ist es das Beste, sich auf die Hervorhebung von natürlichen Belohnungen zu konzentrieren, die automatisch mit Handlungen einhergehen.

2.Herausforderungen ausnutzen

Herausforderungen sind tatsächlich gut, da sie dabei helfen, den Geist zu trainieren, stärker nach den Dingen zu streben, die wir im Leben erreichen möchten. Es kann sehr hilfreich sein, Herausforderungen dann und wann anzunehmen, um ein Streben zu vergrößern. Seien Sie jedoch vorsichtig, sich nicht mit zu vielen oder zu fordernden Hindernissen zu überfordern, da sie dadurch das Interesse am Ziel verlieren könnte.

3.Denken Sie nicht nur an den Erfolg

Obwohl es essentiell ist, an Erfolge zu denken, ist es nicht genug, diese einfach in Ihrem Kopf zu visualisieren. Sie müssen an den Erfolg und an die Wege, mit denen Sie diese erreichen wollen, denken. Mit einer klaren Richtung im Kopf werden Sie wissen, welche Schritte Sie zu gehen haben, um mit jedem Bestreben Ihrer Wahl erfolgreich zu sein.

4.Kontrolle übernehmen

Versuchen Sie alles, um den Weg zum Erfolg nicht mit Selbstzweifeln zuzustellen. Sie müssen lernen, die Kontrolle über Ihr Leben zu übernehmen und daran zu glauben, dass Sie fähig sind, dies zu tun. Solange Sie dies nicht tun, werden all Ihre Mühen nutzlos sein.

5.Konzentrieren Sie sich auf die Reise

Es gibt viele Menschen, die Ihre Aufmerksamkeit auf Ergebnisse und Misserfolge lenken. Der Grund dafür ist, dass sie vergessen, sich auf die Reise zu konzentrieren und deshalb dazu tendieren, die Dinge zu ignorieren, die getan werden müssen, um ihren Traum zu erfüllen. Richten Sie Ihren Fokus mehr auf jeden einzelnen Tag, der zu Ihrem Erfolg führt und handhaben Sie die aufkommenden Hindernisse dementsprechend. Nur dann werden Sie in der Lage sein, den Lohn für Ihre Mühen zu ernten.

Selbstwertgefühl durch Präsenz

Präsenz oder auch Achtsamkeit ist wohl das mächtigste Werkzeug für ein gesundes Selbstwertgefühl. Viele Shaolin-Mönche haben es sich zum Lebensziel gemacht, die größte Präsenz und Achtsamkeit zu entwickeln, die menschenmöglich ist. Ihr Ziel ist dabei, zur Erleuchtung zu gelangen. So weit müssen Sie natürlich nicht gehen, aber Sie sollten bedenken, dass es Forschung gibt, die andeutet, dass gerade diese Mönche das glücklichste und zufriedenste Leben aller Menschen führen. Sich ein Paar ihrer Tricks abzugucken, kann also sicher nicht schaden.

Achtsam zu sein, bedeutet letztendlich nicht mehr, als im Moment zu leben und frei von Gedanken zu sein. Sie können sich den Menschen als System vorstellen, das drei verschiedene Aufgaben erfüllt. Es nimmt Information mit seinen Sinnesorganen auf, es verarbeitet diese bzw. denkt über das erlebte nach und letztendlich handelt es in der Umwelt, basierend auf den vorherigen Schritten. Achtsam zu werden, bedeutet, den Fokus auf die erste Aufgabe zu legen. Meistens nehmen wir viel weniger wahr, als wir könnten. Wir haben gelernt, die meisten Eindrücke zu ignorieren, weil wir damit beschäftigt sind, über etwas nachzudenken. Wir denken ständig über etwas nach. Wir machen uns Sorgen über tausend verschiedene Dinge und haben immer etwas zu planen.

Durch Stille zu mehr Glück im Leben

Bei dem Ansatz der Achtsamkeit geht es nicht darum, Ihre innere Stimme zu verändern. Es geht darum, sie runterzufahren und mehr wahrzunehmen. Genauer gesagt, geht es darum, sich nicht mehr mit seiner inneren Stimme zu identifizieren. Sie haben sicher gemerkt, dass ich von unserer inneren Stimme oft als Werkzeug rede oder etwas, das nicht wirklich wir sind. Dies ist eine nützliche Einstellung. Denn wenn Sie erkennen, dass Sie nicht Ihre innere Stimme sind, sondern dass der Kern Ihres Selbst etwas anderes ist, das Sie zwar spüren können, aber nicht so recht greifen, dann wird Ihnen fast alles im Leben leichter fallen. Unsere innere Stimme handelt oft nicht zu unseren Gunsten. Wenn Sie das tun soll, dann müssen wir zuerst an ihr arbeiten. Dass wir das können, zeigt schon, dass wir nicht unsere innere Stimme sind. Wenn Sie lernen, dass Ihre Sorgen gar nicht Ihre Sorgen sind, sondern nur die Ihrer inneren Stimme, dann werden Sie viel Angstfreier durch das Leben gehen. Genau so können Sie sich auch von all Ihren Selbstzweifeln befreien und damit ein gesundes Selbstwertgefühl entwickeln.

Befreien von äußeren Erwartungen

Bei dem Ganzen geht es letztendlich darum, dass Sie lernen, sich unabhängig von Ihrer Umwelt gut zu fühlen und Ihren Wert zu erkennen. Eine Achtsamkeitsmeditation wird Ihnen dabei sicherlich enorm weiterhelfen und die aktuelle psychologische Forschung entdeckt immer wieder neue positive Effekte des Meditierens. Doch auch ohne eine echte Meditation können Sie sich darin üben, ihre Gedanken auf „stumm" zu schalten und einfach mal für einen Moment ihre Umgebung wahrzunehmen. Je stärker Sie Ihren Fokus auf das Wahrnehmen legen, umso weniger spontane Gedanken werden Sie haben. In diesem Zustand können Sie dann versuchen, sich gut zu fühlen. Versuchen Sie eine positive Emotion aus dem Nichts heraufzubeschwören. Jeder von uns kann das und wenn wir das erkannt haben, dann ist weder unser Glück noch unser Selbstwertgefühl gebunden an unsere Umwelt. Über Achtsamkeit können wir erkennen, dass wir Wert besitzen, alleine weil wir am Leben sind.

Die Achtsamkeitsmeditation

Die Achtsamkeit an sich haben wir uns nun bereits angeschaut und gelernt, was sie ist. Vermutlich haben Sie bereits angefangen, sie im Alltag anzuwenden. Es erfordert viel Übung und Zeit, Achtsamkeit zu erlernen, wobei Sie anfangs sicherlich des Öfteren das dringende Gefühl verspürt haben, sich mit Ihrer Vergangenheit oder Ihrer Zukunft zu beschäftigen, obwohl Sie mehr in der Gegenwart sein wollen. Mit der Zeit wird das abnehmen, sodass sich diese Verlangen relativieren und Sie direkter wahrnehmen, was um Sie herum geschieht.

Genauso erfordert es Übung und Zeit, eine Meditation richtig zu erlernen. Als Vorstufe zur Achtsamkeitsmeditation haben wir uns die Vipassana-Meditation angesehen und begonnen, unseren eigenen Körper mehr zu spüren. Zusammen steigen wir nun in die Achtsamkeitsmeditation ein.

Schaffen Sie sich auch dafür wieder eine angenehme Atmosphäre, um diese Meditation durchzuführen. Verringern Sie Licht an Ihrem ausgewählten Ort und zünden Sie sich eine Kerze oder auch ein Räucherstäbchen an. Wählen Sie einen ruhigen Ort, an dem Sie sich richtig wohlfühlen und 15-20 Minuten ungestört verweilen können. Es wird Ihnen helfen, auch hierbei wieder Telefon und Türklingel auszustellen oder lautlos zu stellen, um möglichst nicht spontan aus Ihrer Meditation durch äußere Einflüsse herausgerissen zu werden. Je lockerer Ihre Kleidung sitzt, desto entspannter können Sie für eine Weile ohne Zwicken oder Zwacken aufrecht im Schneidersitz oder der Lotusposition auf einer Yogamatte, einem Sitzkissen oder auch einem Meditationskissen sitzen. Es ist jedoch nicht nötig, eine bestimmte Sitzhaltung einzunehmen, es soll für Sie bequem sein. Sie können die Meditation auch auf einem Stuhl durchführen, das einzige, was neben einer bequemen Sitzhaltung wichtig ist, ist, dass Sie so aufrecht sitzen wie möglich, ohne dabei Schmerzen zu haben. Im Liegen können Sie grundsätzlich auch meditieren, allerdings werden Sie dabei vielleicht einschlafen. Sorgen oder ärgern Sie sich bitte auch nicht, wenn es nicht gleich von Anfang an richtig klappt. Übung macht bekanntlich den Meister. Die Wahl des Zeitpunkts für die Meditation liegt auch komplett bei Ihnen. Führen Sie sie durch, wenn es sich für Sie richtig anfühlt. Eine bestimmte Zeit wird sich möglicherweise später einspielen, wenn Sie die Achtsamkeitsmeditation regelmäßiger anwenden. Wenn Sie die Achtsamkeitsmeditation des Öfteren praktizieren, wird sie effektiver werden. Morgens nach dem Aufwachen wirkt eine Meditation generell erfrischend, abends ist sie hilfreich, um die vielen Gedanken des Alltages zu beruhigen und um sich zu entspannen.

1)Setzen Sie sich aufrecht hin und beruhigen Sie Ihren Geist zunächst nur durch das Konzentrieren auf Ihren Atem. Atmen Sie langsam tief ein und aus. Sie können gerne Ihre Augen schließen, um Ihre Atmung besser zu spüren, jedoch können Sie Ihre Augen auch halboffen lassen. Beobachten Sie, wie Ihr Atem sanft durch Ihre Nase in Ihren Körper strömt und wie sich beim Atmen leicht Ihr Bauch mitbewegt. Lassen Sie Ihren Atem einfach gewähren, versuchen Sie nicht, ihn zu kontrollieren oder zu steuern. Achten Sie lediglich auf Ihren Atem und lassen Sie Ihren Geist daran teilhaben. Sie können Ihre Atmung unterstützen, indem Sie in Gedanken oder leise Ihre Atemzüge zählen. Zählen Sie 1 beim Ein- oder Ausatmen,

2 beim nächsten Atemzug oder Ausatmen, bis Sie bei 5 anlangen und wieder von vorne beginnen. Es ist nicht wichtig, ob Sie sich dabei verzählen oder irgendwann unbewusst damit aufhören. Konzentrieren Sie sich nicht zu sehr darauf.

2)Lassen Sie Ihre Gedanken und Ihren Atem langsam zur Ruhe kommen. Konzentrieren Sie sich auf Ihr Inneres und lassen Sie sich langsam einfach fallen. Atmen Sie tief ein und sprechen Sie nach dem Ausatmen siebenmal ein Mantra, wie OM oder YAM. Verteilen Sie diese Mantren gleichmäßig wie einen Glockenschlag auf jedes Ausatmen.

3)Atmen Sie langsam wieder durch die Nase ein und wiederholen Sie es. Richten Sie dabei Ihre gesamte Aufmerksamkeit auf Ihre Atmung.

4)Spüren Sie, wie allmählich Ängste oder Sorgen schwinden, wobei Sie sich selbst wohler, freier und lebendiger fühlen.

5)Bleiben Sie bei dieser Übung und genießen Sie positive

aufkommende Gefühle, was z.B. Weite oder auch Wärme sein kann. Wenn Ihnen irgendwelche Gedanken durch den Kopf geistern, nehmen Sie sie ruhig für den Moment wahr, beobachten Sie diese, ohne sie zu bewerten und lassen Sie sie einfach ziehen. Genauso machen Sie das mit allen anderen Empfindungen, die in den Vordergrund Ihrer Aufmerksamkeit treten mögen, ob es eine körperliche Empfindung (wie kribbeln oder ziehen), ein inneres Bild oder ein Klang sein mag. Richten Sie ruhig Ihre Achtsamkeit beobachtend darauf, ohne sich überwältigen zu lassen. Nehmen Sie wahr, was von selbst geschieht, heißen Sie es willkommen und beobachten Sie, wie es dann wieder verschwindet.

Am Ende machen Sie sich die Schwere Ihres Körpers bewusst, während Sie tief einatmen. Kehren Sie langsam aus der tiefen Entspannung zurück und legen Sie sich erst einmal auf den Rücken. Ihre Muskeln haben sich so schön während der Meditation entspannt, dass Sie dieses angenehme Gefühl von Körper und Seele noch ein wenig genießen sollten. Lassen Sie Ihre Augen dabei gerne geschlossen. Räkeln, dehnen und strecken Sie Ihren Körper, bevor Sie Ihre Augen wieder vollständig öffnen und die Achtsamkeitsmeditation beenden.

Die Achtsamkeitsmeditation können Sie, sobald Sie etwas mehr Übung haben, auch über längere Zeiträume durchführen. Wie lange Sie meditieren, ist jedoch weniger relevant als die Regelmäßigkeit.

Neue Werte, neues Leben

Wenn Sie alles, was Sie in diesem Buch gelernt haben, konsequent in Ihr Leben integrieren können, werden Sie merken, dass Ihr Selbstwertgefühl in neue Höhen steigt. An diesem Punkt werden Sie feststellen, dass Sie ganz neue Energien im Alltag haben und weniger ängstlich im Umgang mit anderen sind. Sie kennen den Prozess, um ein gutes Selbstwertgefühl aufrecht zu erhalten und können das Leben genießen.

In diesem Moment kann es passieren, dass Ihre Motivation und Ihre Ziele sich erneut ändern. Ihre Werte werden sich stetig verändern. Sind Sie mit sich selbst zufrieden, so haben Sie mehr Zeit um an Ihre Mitmenschen zu denken. Es ist absolut essentiell im Leben, seinen Weg zu kennen und das Leben zu genießen. Das heißt, sie müssen sich um sich selbst kümmern. Wissen Sie aber, wie Sie das tun können und haben damit ein hohes Niveau an Lebenszufriedenheit erreicht, können Sie Ihren Blick nach außen richten.

Viele Menschen sehen Ihre Arbeit als den Sinn ihres Lebens an. Man arbeitet und erreicht viel, um sich gut zu fühlen.

Das ist per se kein schlechter Gedanke, doch haben Sie erkannt, dass Ihr Selbstwert nicht von Ihrem Erfolg abhängt, sondern davon, den richtigen Weg im Leben zu gehen und eine alltägliche Präsenz zu haben, so kann es passieren, dass die Motivation, bestimmte berufliche Ziele zu erreichen, sinkt. Wenn Sie nicht 80 Stunden in der Woche arbeiten oder Millionär werden müssen, um sich gut zu fühlen, warum sollten Sie dann noch so viel arbeiten?

Dies ist der Moment, in dem sich Ihre Perspektive auf das Leben schlagartig verändern kann. Wenn Sie merken, dass Sie alles haben, was Sie brauchen, um glücklich zu sein, warum sollten Sie dann noch den Arbeitsstress auf sich nehmen? Die Antwort ist, dass Sie nicht arbeiten sollten, um etwas zu erreichen und dadurch glücklich zu werden. Sie sollten arbeiten, weil Sie den Prozess, sich einem Ziel zu nähern, genießen und weil es der Weg zu großem Glück im Leben ist.

Im Geben liegt das Glück

Noch relevanter als Motivation ist aber, dass es im Leben um das Geben und nicht das Nehmen geht. Menschen mit schlechtem Selbstwertgefühl arbeiten, um viel Geld zu haben und einen gewissen sozialen Status zu erreichen. Im Endeffekt macht einen diese Motivation aber nicht glücklich. Ihre Motivation im Leben sollte sein, einen positiven Einfluss auf Ihre Umgebung und die Menschen um Sie herum zu haben.

Ein Anwalt kann sich darüber freuen, dass er viel Geld im Leben verdient und hoch angesehen ist. Aber dies sind oberflächliche Errungenschaften. Er kann sich aber auch darüber freuen, dass er ein großes Wissen über das Rechtssystem hat und Menschen mit weniger Wissen dabei hilft, sich darin zurecht zu finden. Er verbessert das Leben anderer, indem er ihnen mit rechtlichen Problemen hilft und ein Teil des gesamten Rechtssystems des Landes ist. Er macht durch seine Arbeit die Welt zu einem besseren Ort.

Wenn Sie mit solch einer Motivation arbeiten und im Leben immer den größeren Zweck sehen, dann werden Sie langfristig glücklich und zufrieden. Sie haben schon jetzt alles, was sie brauchen, um glücklich zu sein. Aber wenn Sie mit Ihren Fähigkeiten die Welt zu einem besseren Ort machen, dann werden Sie Sinn erkennen, wo vorher keiner war, und Ihr Selbstwertgefühl wird besser sein als je zuvor. Denken Sie wieder an den genannten Anwalt. Der eine freut sich darüber, wieder ein paar Euro mehr verdient zu haben. Der andere aber freut sich darüber, dass er das Rechtssystem des ganzen Landes unterstützt und jeden Tag Leuten in Not hilft. Es ist leicht zu erkennen, wer motivierter und zufriedener arbeiten wird.

Wenn Ihnen „*Selbstliebe*“ gefallen hat, hinterlassen Sie gerne eine Kundenrezension auf Amazon und empfehlen Sie es weiter an Ihre Freunde.

Impressum

Thomas Langner, Groner Straße 41, 37073 Göttingen

Version 06.06.2018

Bildnachweis: © royyimzy / stock.adobe.com

Printed in Poland
by Amazon Fulfillment
Poland Sp. z o.o., Wrocław

54623544R00098